采购·仓储·物流工作手册系列

配送人员精细化管理工作手册

弗布克管理咨询中心　编著

化学工业出版社

·北京·

《配送人员精细化管理工作手册》是一本全面提高企业配送业务规范化水平、精细化执行程度与人员工作技能的实用工作手册。

《配送人员精细化管理工作手册》从配送活动涉及的主要环节入手，以精细化执行为主线，直击配送人员工作中面临的或亟待解决的问题，以帮助配送企业规范化管理配送业务，精细化管理运营人员，从而提高企业配送业务管理水平，提高配送人员工作效率。其具体内容包括：配送人员招聘管理、配送人员培训管理、配送人员业务管理、配送人员薪酬绩效管理、配送人员食宿管理、配送人员管理制度与流程设计、配送人员服务礼仪与规范、配送人员行为准则、配送人员风险识别与管控，共9章。

本书适合配送管理人员和配送业务人员阅读与使用，也可作为配送企业的员工培训教材。

图书在版编目（CIP）数据

配送人员精细化管理工作手册/弗布克管理咨询中心编著. —北京：化学工业出版社，2020.1
（采购·仓储·物流工作手册系列）
ISBN 978-7-122-35598-0

Ⅰ.①配⋯ Ⅱ.①弗⋯ Ⅲ.①物流配送中心-企业管理-手册 Ⅳ.①F253-62

中国版本图书馆CIP数据核字（2019）第250743号

责任编辑：王淑燕　　　　　　　装帧设计：关　飞
责任校对：宋　玮

出版发行：化学工业出版社（北京市东城区青年湖南街13号　邮政编码100011）
印　　装：大厂聚鑫印刷有限责任公司
710mm×1000mm　1/16　印张13½　字数256千字　2020年3月北京第1版第1次印刷

购书咨询：010-64518888　　　　　售后服务：010-64518899
网　　址：http://www.cip.com.cn
凡购买本书，如有缺损质量问题，本社销售中心负责调换。

定　价：58.00元　　　　　　　　　　　　　　　　版权所有　违者必究

编写说明

当前，物流这个原来的"黑暗大陆"（德鲁克语）正受到前所未有的关注，在一些领域甚至有"得物流者得天下"的说法。

鉴于此，弗布克管理咨询中心特推出"采购·仓储·物流工作手册系列"图书，旨在解决中国仓储物流业务的规范化运营与精细化执行问题。

向管理要效益，关键在于执行。企业在执行的过程中急需的是实务性的工具。只有运用各类实务性的执行工具，执行到位、有效执行、规范执行、按照制度和流程执行，才能提高企业的执行速度和运营效率，企业才会更加具有竞争力。

可以说，执行力是企业核心竞争力的重要体现，工作流程是企业效率的体现，而速度和细节决定成败。企业如果没有一套精细化的工作执行体系，不把日常管理中的每项工作通过具体的管理工具落到实处，则一切都会浮于表面、流于形式，成为"表面化"管理和"形式化"管理。

正是基于这样的思考，"采购·仓储·物流工作手册系列"从工作内容分析、工作精细化执行两个层面，通过工具、流程、制度、方案、文书、规范、要点、技巧、模板、范例等多种形式，对仓储物流业务管理的各项工作进行详细阐述。

从整体上看，本系列图书涵盖仓储物流业务中的核心业务、关键岗位和关键部门，一方面通过《物流业务精细化管理工作手册》从全局的角度讲解物流业务知识的精细化应用，让读者全面掌握物流管理工作；另一方面通过《采购业务全流程风险管控工作手册》《仓库管理员精细化管理工作手册》《采购人员精细化管理工作手册》《配送人员精细化管理工作手册》四书，深入对仓储物流核心业务、关键部门和关键岗位的精细化执行进行阐述，关切读者的核心利益，使得本系列形成"1＋4"的图书格局，进而提供了仓储物流全业务解决方案。

从内容上，本系列图书将企业日常仓储物流业务各类工作内容进行总结提炼，并将其中的关键环节制度化、模板化、规范化、方案化、工具化和流程化，为仓储物流业务工作人员提供各种可以借鉴的范例、模板、流程和工具；让读者能知道工作的关键是什么，自己具体应当做什么，通过业务的执行细化，读者能知道自己应该运用哪些具体的工具和制度，按照怎样的步骤去执行。最终，形成一套精细化的工作执行体系，以辅助仓储物流业务工作人员胜任本职工作，提升业务执行能力。

综上所述，本系列图书所提供的内容属于"参照式"范本，是仓储物流业务工作人员开展工作的工具书和细化执行手册。为了便于读者更好地应用本书，特提出以下几点建议，以供读者参考。

（1）对于本书提供的工具、方案、流程和模板，读者可根据所在企业的实际情况加以适当修改，或者参照设计，使之与本企业的实际情况相适应。

（2）读者可根据本系列图书的模式，将所在企业每个部门内每个工作事项清晰描述，并制定出具体执行的操作规范和工作流程。

（3）读者要在实践中不断改进已经形成的制度、模板、工具和流程，以达到高效管理、高效工作的目的，最终达成"赢在执行"的目标。

编著者

2019 年 10 月

前 言

配送人员的工作质量和效率直接影响着配送的服务质量，因此，配送人员的工作规范化的程度与技能的高低是配送企业在竞争中取胜的关键因素。

本书是一本全面提高企业配送业务规范化水平、精细化执行程度与人员工作技能的实用工作手册。

本书从配送活动涉及的主要环节入手，以精细化执行为主线，直击配送人员工作中面临的或亟待解决的问题，以帮助配送企业规范化管理配送业务，精细化管理运营人员，从而提高企业配送业务管理水平，提高配送人员工作效率。

本书具体内容包括：配送人员招聘管理、配送人员培训管理、配送人员业务管理、配送人员薪酬绩效管理、配送人员食宿管理、配送人员管理制度与流程设计、配送人员服务礼仪与规范、配送人员行为准则、配送人员风险识别与管控，共9章。

本书内容集操作性、工具性、实务性于一体，重点对配送管理工作中的9大事项进行了规范化、图表化的解析，以使书中内容更加细化易查、清晰易用，为配送人员工作的开展提供了明确的指导。具体说来，本书主要有如下3大特色。

1. 要点、重点、技巧——层层剖析

本书选取了配送业务管理中的9大关键事项，并重点从工作规范、风险提示、制度规范、解决方案等维度来阐述关键事项达成需做好的要点、重点工作及需要掌握的工作技巧，用以帮助配送人员检查自己工作中的纰漏，完善自身工作的不足，也有助于企业管理人员检视配送人员的工作表现。

2. 会做、做到、做好——步步提升

本书除了让配送人员知道"做什么""怎么做"外，还辅之以提升工作效能的实用方法、工作技巧、范例模板，为配送管理人员提供全面、系统的员工培训方案，以达到快速提升员工乃至配送团队整体工作效率的目的。

3. 可查、可参、可用——时时备用

本书是配送人员的枕边书、工具书，有知识，有技能，有实务，可以随时查阅，可以随时参照，可以随时使用，时时可阅，时时备用。

本书适合企业配送管理人员和配送业务人员阅读与使用，也可作为配送企业的员工培训教材。

在本书的编写过程中，李艳负责统筹策划，张丽萍、张小会、关俊强、程淑丽编写了本书的1~9章，在此一并表示感谢。

编著者
2019年10月

目 录

第 1 章　配送人员招聘管理　/ 1

1.1　配送人员岗位设计 ……………………………………………………… 2
1.1.1　主要岗位职责说明 …………………………………………… 2
1.1.2　主要证件特别说明 …………………………………………… 7
1.1.3　交通工具特别说明 …………………………………………… 7
1.2　配送人员招聘准备 ……………………………………………………… 8
1.2.1　招聘说明书起草 ……………………………………………… 8
1.2.2　招聘渠道的选择 ……………………………………………… 9
1.3　配送人员招聘实施 ……………………………………………………… 11
1.3.1　招聘简历筛选 ………………………………………………… 11
1.3.2　招聘面试程序 ………………………………………………… 12
1.3.3　试用考核 ……………………………………………………… 14
1.3.4　入职流程 ……………………………………………………… 16

第 2 章　配送人员培训管理　/ 19

2.1　产品配送知识培训 ……………………………………………………… 20
2.1.1　特殊产品的配送 ……………………………………………… 20
2.1.2　闪送产品的配送 ……………………………………………… 21
2.1.3　大件产品的配送 ……………………………………………… 23
2.1.4　易坏产品的配送 ……………………………………………… 25
2.2　装卸知识培训 …………………………………………………………… 27
2.2.1　货品装卸的注意事项 ………………………………………… 27
2.2.2　货品装卸的安全事项 ………………………………………… 30
2.3　沟通知识培训 …………………………………………………………… 32

  2.3.1 内部沟通技巧 …………………………………………… 32
  2.3.2 与客户沟通技巧 …………………………………………… 33
 2.4 收款知识培训 ……………………………………………………… 36
  2.4.1 电子收款注意事项 ………………………………………… 36
  2.4.2 现金收款注意事项 ………………………………………… 37
  2.4.3 POS机收款注意事项 ……………………………………… 37
 2.5 安全知识培训 ……………………………………………………… 38
  2.5.1 驾驶安全知识 ……………………………………………… 38
  2.5.2 自助快递柜安全知识 ……………………………………… 40
  2.5.3 丢失预防安全知识 ………………………………………… 41

第3章 配送人员业务管理 / 43

 3.1 交通工具管理 ……………………………………………………… 44
  3.1.1 交通工具证照管理 ………………………………………… 44
  3.1.2 交通工具使用管理 ………………………………………… 44
 3.2 配送分片管理 ……………………………………………………… 45
  3.2.1 快递路线规划管理 ………………………………………… 45
  3.2.2 配送人员分片管理 ………………………………………… 46
 3.3 领取货品管理 ……………………………………………………… 47
  3.3.1 上门取货管理 ……………………………………………… 47
  3.3.2 仓库取货管理 ……………………………………………… 49
  3.3.3 闪送货品领取 ……………………………………………… 50
 3.4 派送过程管理 ……………………………………………………… 51
  3.4.1 派送管理 …………………………………………………… 51
  3.4.2 终端自提管理 ……………………………………………… 53
 3.5 每日派送管理 ……………………………………………………… 54
  3.5.1 派送计划制订 ……………………………………………… 54
  3.5.2 每日统计报表 ……………………………………………… 55
 3.6 特殊业务处理 ……………………………………………………… 55
  3.6.1 贵重物品件处理 …………………………………………… 55
  3.6.2 遗失件处理 ………………………………………………… 57
  3.6.3 延迟件处理 ………………………………………………… 57
  3.6.4 突发事件处理 ……………………………………………… 59
 3.7 客户关系维护 ……………………………………………………… 60

3.7.1　客户满意度调查 ·· 60
　　　3.7.2　客户投诉处理 ·· 61

第4章　配送人员薪酬绩效管理　/ 63

　4.1　配送人员薪酬管理 ·· 64
　　　4.1.1　配送人员薪酬体系设计 ···································· 64
　　　4.1.2　配送人员薪酬等级表 ······································ 69
　4.2　配送人员绩效管理 ·· 70
　　　4.2.1　配送人员人均单量设计 ···································· 71
　　　4.2.2　配送人员配送流程优化 ···································· 72
　　　4.2.3　配送人员绩效目标设计 ···································· 75
　　　4.2.4　配送人员绩效考核设计 ···································· 79
　　　4.2.5　配送人员绩效考核方案 ···································· 93
　　　4.2.6　配送人员绩效面谈与改进 ·································· 96
　4.3　配送人员提成奖励管理 ·· 101
　　　4.3.1　配送人员提成设计 ·· 101
　　　4.3.2　配送人员提成方案 ·· 102
　　　4.3.3　配送人员奖励设计 ·· 103
　　　4.3.4　配送人员奖励方案 ·· 106
　4.4　配送人员津贴补贴管理 ·· 108
　　　4.4.1　配送人员津贴设计及方案 ·································· 109
　　　4.4.2　配送人员补贴设计及方案 ·································· 112

第5章　配送人员食宿管理　/ 115

　5.1　配送人员餐饮管理 ·· 116
　　　5.1.1　配送人员餐饮标准管理 ···································· 116
　　　5.1.2　配送人员餐饮补贴管理 ···································· 117
　　　5.1.3　配送人员餐饮时间管理 ···································· 118
　5.2　配送人员住宿管理 ·· 119
　　　5.2.1　配送人员起居管理 ·· 119
　　　5.2.2　配送人员宿舍管理 ·· 120
　　　5.2.3　配送人员水电管理 ·· 122

第6章 配送人员管理制度与流程设计 / 125

6.1 配送人员管理制度设计 …………………………………… 126
6.1.1 配送人员管理制度体系设计 …………………………… 126
6.1.2 配送人员管理主要制度设计 …………………………… 126
6.1.3 配送人员管理制度设计模板 …………………………… 128

6.2 配送人员管理流程设计 …………………………………… 144
6.2.1 配送人员管理流程体系设计 …………………………… 144
6.2.2 配送人员管理流程制度设计 …………………………… 146
6.2.3 配送人员管理流程设计模板 …………………………… 147

第7章 配送人员服务礼仪与规范 / 155

7.1 配送服务的要求 …………………………………………… 156
7.1.1 配送服务礼仪 …………………………………………… 156
7.1.2 配送服务规范 …………………………………………… 158

7.2 配送人员内部服务规范 …………………………………… 160
7.2.1 配送人员内部取货服务规范 …………………………… 160
7.2.2 配送人员内部交接服务规范 …………………………… 162

7.3 配送人员上门取货服务规范 ……………………………… 166
7.3.1 上门取件服务规范 ……………………………………… 166
7.3.2 上门取货服务规范 ……………………………………… 168
7.3.3 闪送取货服务规范 ……………………………………… 170

7.4 配送人员配送服务规范 …………………………………… 172
7.4.1 配送人员进入小区服务规范 …………………………… 172
7.4.2 配送人员进入商务区服务规范 ………………………… 173
7.4.3 配送人员投递快递柜服务规范 ………………………… 174
7.4.4 配送人员入户配送服务规范 …………………………… 175
7.4.5 配送人员收款服务规范 ………………………………… 176

7.5 配送人员电话服务规范 …………………………………… 178
7.5.1 配送人员日常接听电话规范 …………………………… 178
7.5.2 配送人员电话处理客户问题规范 ……………………… 179
7.5.3 配送人员电话预约上门取货规范 ……………………… 181

7.6 配送人员礼仪服务规范 …………………………………… 182

7.6.1 配送人员着装规范 ················· 182
7.6.2 配送人员入户规范 ················· 183
7.6.3 配送人员客户礼仪规范 ············· 184

第 8 章　配送人员行为准则　/ 187

8.1 配送人员的行为描述 ················· 188
8.1.1 配送人员行为对业务的影响 ········· 188
8.1.2 配送人员的行为规范 ············· 188
8.2 配送人员的行为准则 ················· 189
8.2.1 配送人员的行为准则一 ··········· 189
8.2.2 配送人员的行为准则二 ··········· 191

第 9 章　配送人员风险识别与管控　/ 193

9.1 配送人员个人风险管控 ··············· 194
9.1.1 个人风险识别 ················· 194
9.1.2 个人风险管控 ················· 194
9.2 配送人员配送风险管控 ··············· 198
9.2.1 配送过程风险识别 ············· 198
9.2.2 配送过程风险管控 ············· 199
9.3 配送人员内部风险管控 ··············· 200
9.3.1 内部风险识别 ················· 200
9.3.2 内部风险管控 ················· 201
9.4 配送人员离职风险管控 ··············· 201
9.4.1 离职风险识别 ················· 201
9.4.2 离职风险管控 ················· 202

第1章

配送人员招聘管理

1.1 配送人员岗位设计

1.1.1 主要岗位职责说明

配送员是随着社会发展，现代物流管理不断完善衍生出来的一种职业称谓。他们的工作琐碎，复杂程度较高，他们不但要保证客户的物品送达到指定地点，而且要保证物品的完好度、新鲜度等符合要求，并且要开单签单收款等。

1.1.1.1 配送经理岗位职责

配送经理岗位职责如图1-1所示。

	基本要求	相关说明
任职资格	⊙ 学历、专业 　本科及以上学历，物流等相关专业 ⊙ 工作经验 　3年以上物流配送工作经验 ⊙ 个人能力要求 　身体素质良好	⊙ 较强的承压能力 ⊙ 较强的沟通协调能力、团队管理能力 ⊙ 具有良好的客户服务意识 ⊙ 熟悉物流管理业务流程
职责概述	负责货物配送的日常管理工作，指导配送人员开展配送和调度各项工作，确保货物配送工作的顺利进行	
职责内容	（1）配送计划管理 ➢根据客户发来的订单或者托运单，运用配送信息系统科学地估算送货量，组织制订配送计划 ➢根据配送计划，合理安排相应的交通工具进行配送工作 （2）送货管理 ➢根据订单客户所在位置，指导配送站长规划最佳的配送路线 ➢按照配送产品的性质，审核配送方式的合理性 ➢组织相关人员对货物达到情况进行确认，随时掌握货物在途情况，以便及时解决突发事件 （3）车辆管理 ➢建立配送车辆档案，要求各项记录真实可靠，详细完整 ➢组织编制车辆的检测、维护与修理计划，定期对车辆进行技术鉴定，核定其技术等级状况 （4）部门人员管理 ➢组织本部门员工的招聘、调配工作 ➢定期组织开展相关技术培训，并对员工的工作情况进行考核，不断提高员工的基本素质及业务能力	

图1-1　配送经理岗位职责

1.1.1.2　配送站长岗位职责

配送站长岗位职责如图1-2所示。

	基本要求	相关说明
任职资格	⊙ 学历、专业 　　大专及以上学历，接受过物流方面的培训 ⊙ 工作经验 　　1年以上配送行业相关经验 ⊙ 个人能力要求 　　身体素质良好，抗压能力强	⊙ 较强的计划组织能力、沟通协调能力和管理能力 ⊙ 具有精准的时间观念 ⊙ 熟悉配送工作流程
职责概述	负责货物配送的日常管理工作以及突发事件的处理等，保证配送工作的顺利进行	
职责内容	（1）配送业务规划和管理 ➢ 根据地理特点对所管辖区域进行区域划分，熟知各区域所包含的车道 ➢ 通过综合分析，在各区域选择合适地点建立配送网点 ➢ 将市内配送人员按区域进行划分，组建各区域的配送团队 ➢ 制定配送流程与规范，并监督执行情况 （2）配送场地管理 ➢ 确保功能区域分布合理 ➢ 保持配送点环境整洁有序 （3）配送工具管理 ➢ 对公司车辆进行分配，并建立档案 ➢ 检查配送人员的配送工具是否符合本企业的标准 （4）突发状况处理 ➢ 当配送过程中发生突发情况时与各部门进行协调沟通，制定并实施应急措施，如补派车辆、补派司机等 ➢ 对突发情况进行原因追究，追究相关人员的责任 （5）人员管理 ➢ 与平台同事协同帮助区域内商家问题的处理以及订单的拓展 ➢ 负责区域内配送员的招聘、培训以及考核管理等工作	

图1-2　配送站长岗位职责

1.1.1.3 运输调度专员岗位职责

运输调度专员岗位职责如图 1-3 所示。

	基本要求	相关说明
任职资格	⊙ 学历、专业 　　大专及以上学历，仓储、物流相关专业 ⊙ 工作经验 　　3 年以上运输调度管理工作经验 ⊙ 个人能力要求 　　较强的组织、控制和协调能力	⊙ 认同公司企业文化，有较高忠诚度 ⊙ 个人在工作中具有追求卓越的强烈意识和愿望，工作积极主动 ⊙ 熟悉物流配送业务及相关知识 ⊙ 掌握配送工作各环节业务技能 ⊙ 掌握运输、配送调度的相关知识
职责概述	协助运输配送主管做好运输调度和管理工作，实时监控运输过程和运输车辆，确保运输时间和路线安排合理以及运输过程的安全	
职责内容	（1）协助运输配送主管制定运输规章制度和安全管理制度，组织执行并监督 （2）负责审批运输配送计划，并监督实施 （3）负责对运输配送人员进行调度和安排 （4）组织做好运输配送设施设备的日常管理工作 （5）负责运输车辆的组织、调配和管理 （6）对运输配送过程中产生的单据和文件进行管理 （7）完成领导临时交办的工作	

图 1-3　运输调度专员岗位职责

1.1.1.4 配送员岗位职责

配送员岗位职责如图 1-4 所示。

基本要求	相关说明
⊙ 学历、专业 　　高中及以上学历，接受过物流方面的培训 ⊙ 工作经验 　　1 年以上货物配送工作经验 ⊙ 个人能力要求 　　身体素质良好，抗压能力强	⊙ 个人在工作中具有追求卓越的强烈意识和愿望，工作积极主动 ⊙ 具有精准的时间观念 ⊙ 熟悉配送工作流程 ⊙ 掌握配送路线安排的方法

任职资格

职责概述：将拣选分类完成的货物经过配货检查后，进行打捆，并按照区域，合理安排送货顺序，配送至客户处，确保客户能及时收到货物

职责内容：

（1）货物配送前，协助装卸人员搬运、堆码、装载待配货物

（2）查验所配送货物的数量、包装情况，办理相关配送手续

（3）核对出库货物明细与货运单是否一致，做好出库复核工作

（4）根据客户要求和公司安排，合理安排配送路线和顺序，确保配送工作按时完成

（5）在货物运输途中，根据货物特性进行保管、护送所配货物，保证货物安全到达客户方

（6）遇到突发事件及时向公司相关领导汇报，及时给予解决

（7）将货物按照客户要求运送到指定地点交货卸车，进行货物验收，办理交付手续，与客户进行交流，做到周到服务

（8）让客户及时签单，并将签收单据带回

图 1-4　配送员岗位职责

1.1.1.5 配送司机岗位职责

配送司机岗位职责如图 1-5 所示。

	基本要求	相关说明
任职资格	⊙ 学历、专业 高中及以上学历，接受过物流方面的培训 ⊙ 工作经验 1年以上配送工作经验 ⊙ 个人能力要求 身体素质良好，具有较强的团队协作意识	⊙ 工作态度积极主动 ⊙ 具有精准的时间观念 ⊙ 熟悉配送区域的路况
职责概述	在团队领导的指导下，负责及时、安全地将货物运输至指定地点或到指定地点取货	
职责内容	（1）负责公司货物及相关物件及时、准确的配送、提取 （2）坚持行车安全检查，每次行车前检查车辆，发现问题及时排除，确保车辆正常运行 （3）安全驾驶，正确执行驾驶操作规程，听从交通管理人员的指挥 （4）每次出车回来后，如实填写行车记录，向上级简要汇报出车情况 （5）做好车辆的清洁及保养工作	

图 1-5　配送司机岗位职责

1.1.2　主要证件特别说明

配送人员的基本证件是配送人员开展工作所必须具备的工具和"敲门砖",没有相关证件的配送人员无法达到企业的相关要求,也无法为配送公司提供有效的服务,也无法满足广大客户的需求。下面就以配送人员的主要证件来阐述它们对配送人员从业的重要影响。

配送人员的主要证件包括驾驶证、工作出入证、健康证等。

1.1.2.1　驾驶证

配送员采用机动车辆进行货物配送时必须持有驾驶证,在发现牌证丢失时应查明原因,并立即向区域站长汇报,由区域站长汇报公司,令其择日去补办。

1.1.2.2　工作出入证

① 配送人员凭工作出入证进出公司,必须主动接受与配合公司保安人员的检查。违者保安人员有权拒绝其进入公司。

② 工作出入证只限本人在配送货物时使用,私人事务不得使用。严禁冒领他人的工作出入证,或者将工作出入证转借给他人使用。持证人员只可在限定的工作区域使用,违者取消其配送资格。

1.1.2.3　健康证

健康证是指预防性健康检查证明,证明受检者具备从业规定的健康素质。健康证的种类分为两种:一种是普通健康证;另一种是食品健康证。食品健康证是做饮食行业的人所需要的健康证。

1.1.3　交通工具特别说明

交通工具是现代人的生活中不可缺少的一个部分。它给人们的生活带来了极大的便利,同时也给企业的发展提供了帮助,例如交通工具的产生加速了物流行业的发展,物流配送行业的发展离不开交通工具的合理使用,企业在使用交通工具的过程中必须遵守相关法律法规,取得相关资格证书,下面我们就以配送人员的交通工具为例展开说明。

配送人员的交通工具主要包括货车、电动自行车、摩托车、飞机、轮船和火车等。

1.1.3.1　交通工具特别说明

(1) 摩托车、电动自行车、货车

采用这类交通工具的配送人员出发前应进行必要的安全检查，确保各个机件灵活、有效。行驶速度不超过国家规定的相关标准。此外，采用货车进行快递配送的从业者，需取得《道路运输许可证》。

(2) 飞机

① 委托航空公司运输。代理航空公司运输销售的企业，其代理资格一般分为一类航空运输销售代理资格和二类航空运输销售代理资格。以二类航空运输销售代理资格为例，代理方必须取得中国的企业法人资格，此外其至少需取得如下两项资质。

➢中国民用航空总局颁发的二类空运销售代理业务经营批准证书。

➢登记有空运代理业务的工商管理局颁发的营业执照。

② 自有航空运输。从事航空快递业务的企业，除具备设立企业应符合的条件外，还需取得《航空快递经营许可证》，方能经营业务。

(3) 轮船

企业需要具备《水路运输许可证》和《道路运输许可证》。

《水路运输许可证》是经交通主管部门批准颁发的，经营者从事营业性水路运输的资格凭证，有效期一般为5年左右。

(4) 火车

部分配送企业会委托铁路运输公司采用火车进行货物的配送。而受托的企业则应当取得《铁路运输许可证》方可从事经营活动。

1.1.3.2　交通工具统一管理

① 配送车辆的载物货箱、托架和车身颜色等均需保持统一。

② 统一车辆编号管理，统一配戴骑行安全头盔，统一购置人员和车辆保险。

1.2　配送人员招聘准备

1.2.1　招聘说明书起草

招聘说明书是企业开展人才招聘工作的基础，没有它或它不完整，都可能会引起招聘工作的无序或混乱。它是企业人力资源管理工作中一个重要的文件。

招聘说明书含职位描述和任职资格两部分内容。

1.2.1.1 职位描述

职位描述又称工作描述,是对企业中各岗位的工作性质、岗位职责、工作任务与工作环境等所作的规定,用来说明任职者应该做什么、怎么做以及在怎样的环境下去做的一种书面文件。

1.2.1.2 任职资格

任职资格也称为工作规范,是指胜任该职位的人员在教育水平、工作经验等方面应具备的资格和条件。

配送人员是配送企业重要的组成部分,配送人员对配送企业的快速发展起着至关重要的作用,因此,配送人员的招聘说明书的编制也是企业进行人员招聘管理工作中的一项重要内容。表 1-1 是配送人员招聘说明书示例。

表 1-1　配送人员招聘说明书示例

配送人员招聘说明书	
职位概要:公司订单的接收、快件派送、配送单据的整理上交等工作	
工作内容	①出货前,要详细清点商品数量及商品外形是否完好,相关配件是否齐备、齐全 ②规划快捷有效的送货路线,将货物安全迅速地送到顾客手中 ③微笑服务顾客,遇到顾客抱怨时,应仔细倾听,给予答复,不能解决的应与上级联系 ④客户签收快递时,请客户签名并保留和整理相关单据,及时上交到公司相关部门 ⑤反馈和整理顾客需求等相关信息,并协助市场部开拓相关市场
任职资格	①身体条件:身体健康,无重大疾病史 ②工作经历:有物流、配送工作等各方面的经验 ③资历:一年以上机动车驾驶工作经验,持有国家规定的驾驶执照 C 本及以上 ④无不良记录 在以往的驾驶过程中无重大失误,无重大违规现象,无酗酒的不良行为
工作条件	室外

1.2.2　招聘渠道的选择

一个好的招聘渠道应能够达到招聘的要求,在招聘到合适人员情况下所花费的成本最低,且具有可操作性。根据求职者来源渠道的不同,企业招聘分为内部招聘和外部招聘两种。

1.2.2.1 内部招聘

内部招聘是指当企业内部出现岗位空缺时，通过调配企业内部员工来解决招聘问题。内部招聘的渠道包括晋升、工作调换、工作轮换、人员重聘等。结合配送人员的工作特点，配送企业可选用以下招聘渠道，如表1-2所示。

表1-2 部分内部招聘渠道

招聘渠道	相关说明
工作轮换	将员工从某些工作岗位调换到另外的工作岗位上，让他们掌握更多的业务技能。从拿到商品，到商品入库、分拣，再到配送响应、送到消费者手中，这一系列环节需要多个岗位的协作才能有序完成。对此，配送企业可以将这一环节上的岗位实施轮岗，以满足临时配送人员的需求
人员重聘	有些企业由于某些原因会有一批不在位的员工，如下岗人员、长期休假人员（如曾因病长期休假，现已康复但由于无位置还在休假）、已在其他地方工作但关系还在本单位的人员（如停薪留职）等。当业务繁忙时，配送企业可将这部分人再次进行招聘，以满足配送需求

1.2.2.2 外部招聘

对于企业而言，常见的外部招聘渠道包括：网络招聘、媒体招聘、现场招聘、外部推荐招聘、猎头招聘、职业介绍所招聘、校企合作等。具体到配送人员的招聘管理，配送企业可选用如下几种外部招聘渠道。

① 网络招聘：通过网络发布招聘信息，主要渠道有综合性的人才招聘网站、行业网站和公司官网等。

② 现场招聘：包括综合性的人才招聘会、行业人才招聘会和公司专场人才招聘会。

③ 职业介绍所招聘：通过第三方服务机构委托招聘。

与内部招聘相比，外部招聘也有自己的优缺点，如表1-3所示。

表1-3 内外部招聘渠道的比较分析

招聘类型	优点	缺点
外部招聘	①可以为企业注入新鲜的血液 ②为企业带来新思想、新观念	①相对内部招聘，成本较高 ②新员工不能迅速适应环境，需要一段时期的磨合期
内部招聘	①员工熟悉本企业情况，容易进入角色 ②招聘和培训成本低 ③激发员工的内在积极性	①缺少思想碰撞，影响企业活力和竞争力 ②"近亲繁殖"影响企业的发展 ③容易形成内部人员的"小团体"

1.3 配送人员招聘实施

1.3.1 招聘简历筛选

在接到应聘者投递过来的简历后,人力资源(HR)工作人员需要从中挑选出符合企业所需的配送人员,那么HR工作人员应该如何筛选简历呢?

1.3.1.1 关注硬性指标

由于应聘资料多,HR工作人员不可能亲自把每份简历都看一遍。有些企业有自己的招聘系统,也有自己的操作后台,接收到简历后,工作人员可以根据公司的要求设定一些指标,如"需持有驾照",这样就由电脑软件直接把不符合要求的应聘者筛掉了,这些简历就不可能出现在HR工作人员的面前。这里面涉及一个名词——硬性指标。

简历筛选的硬性指标是一些固定类标准的指标,它们往往被作为简历筛选的第一关。表1-4所示的这些硬性指标被很多企业采用。

表1-4 简历筛选的硬性指标

硬性指标	内容说明
相关证书	如健康证、驾驶证等
有无不良记录	如交通重大违规行为等
个人口碑	上一工作单位的评价、其他同行的评价等
工作经验	主要查看应聘者总工作时间的长短、跳槽或转岗频率、每项工作的具体时间长短、工作时间衔接等

1.3.1.2 兼顾软性指标

查看应聘者简历中的主观内容,主要是查看应聘者的自我评价、个人描述等信息,若这些描述与工作经历中的描述相矛盾、不相称的地方较多,则可直接筛选掉。

除上面提及的内容外,软性指标关注的内容还有很多,如应聘者的求职轨迹。如果应聘者从大公司跳槽到小公司,岗位和薪资皆无变化,基本可以断定该员工能力一般。相反,如果应聘者岗位在不断变化,公司规模一家胜过一家,可以判断此员工的上进心较强。

1.3.2 招聘面试程序

面试的实施过程可以按开始面试、正式面试和结束面试 3 个阶段进行，面试实施的程序如图 1-6 所示。

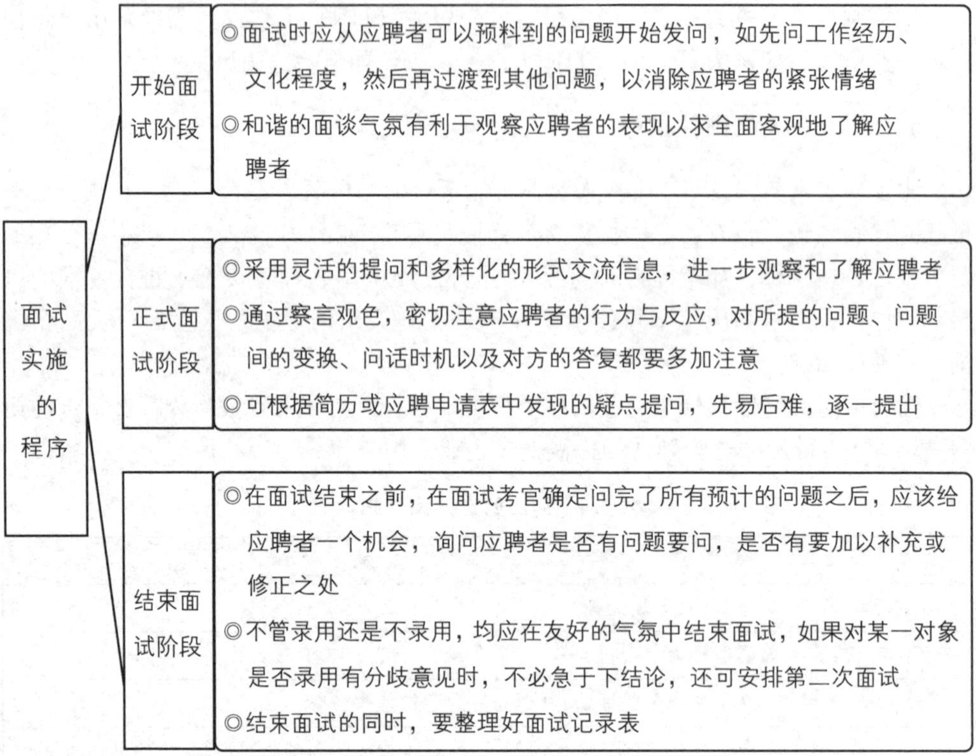

面试实施的程序

开始面试阶段
◎ 面试时应从应聘者可以预料到的问题开始发问，如先问工作经历、文化程度，然后再过渡到其他问题，以消除应聘者的紧张情绪
◎ 和谐的面谈气氛有利于观察应聘者的表现以求全面客观地了解应聘者

正式面试阶段
◎ 采用灵活的提问和多样化的形式交流信息，进一步观察和了解应聘者
◎ 通过察言观色，密切注意应聘者的行为与反应，对所提的问题、问题间的变换、问话时机以及对方的答复都要多加注意
◎ 可根据简历或应聘申请表中发现的疑点提问，先易后难，逐一提出

结束面试阶段
◎ 在面试结束之前，在面试考官确定问完了所有预计的问题之后，应该给应聘者一个机会，询问应聘者是否有问题要问，是否有要加以补充或修正之处
◎ 不管录用还是不录用，均应在友好的气氛中结束面试，如果对某一对象是否录用有分歧意见时，不必急于下结论，还可安排第二次面试
◎ 结束面试的同时，要整理好面试记录表

图 1-6 面试实施的程序

由上图内容可知，正式面试阶段是面试的关键环节。在这一阶段，企业需对应聘者的综合素质与专业技能进行考核，考核方式包括但不限于如下两种。

1.3.2.1 面谈

HR 工作人员与应聘者进行面对面沟通，对应聘者的性格、工作经历做一个全面的了解。

表 1-5 是针对配送人员面试而设计的一份面试试题。

表 1-5　配送人员面试试题示例

1. 如何将配送中的延误时间降到最低？
2. 接到公司的一个大客户的投诉，且您已经跟他就他不满的问题解释过很多遍了，可他还是不满意，您将如何处理？
3. 请举一个本属于您的上级领导分内的工作而他却没有做，您主动完成的事例。
4. 工作中，除了做好自己的本职工作外，是否还会做一些分外的事情，如果是这样，那为何要这样做？
5. 您遇到的最难相处的人是怎样的？您又是如何和他相处的？
6. 请描述一个较为典型的事例：在工作或者生活过程中遇到的两难选择，最后您又是如何解决的？

1.3.2.2　实际操作

通过设置模拟的工作情境对应聘者进行考核，考核应聘者的专业素养、服务态度等素质。

示例：本市城北的一个客户有一个紧急的包裹要送到城东指定用户手中，时限为 1 小时，所利用的交通工具不限。你如何保证包裹安全准点送达到？

在实际操作中，企业可以将评语式评价与评分式评价两种形式结合，形成应聘人员素质能力评价工具表，对应聘者的综合素质能力做出全面的评价。结构化面试评分表见表 1-6。

表 1-6　结构化面试评分表

序号			姓名		性别	
报考职位			学历		年龄	
测评要素	语言表达	综合分析能力	应变能力	人际交往能力	组织协调能力	举止仪表
权重	15	20	20	15	20	10
观察要点	• 口齿是否清晰，语言是否流畅 • 用词是否得当，意思表达是否准确 • 内容是否条理性和逻辑性强	• 能否对问题或现象做深入剖析 • 对问题或现象的产生根源有无认识 • 能否针对问题或现象提出相应对策，对策是否可行 • 有无独到见解	• 面对压力或问题，情绪是否稳定 • 面对压力或现象思维反应是否敏捷 • 考虑问题是否周全 • 解决办法是否有效、可行	• 有无主动与人合作意识 • 与人能否有效进行沟通 • 对人际关系的处理是否违背原则或者影响工作	• 能否根据工作目标预见有利因素和不利因素 • 能否根据现实需要做出计划、决策 • 能否合理配置人财物等资源	• 穿着打扮是否得体 • 言行举止是否符合一般的礼节 • 有无多余的动作

续表

测评要素		语言表达	综合分析能力	应变能力	人际交往能力	组织协调能力	举止仪表
权重		15	20	20	15	20	10
评分标准	好	8~10	15~20	15~20	15~20	15~20	8~10
	中	4~7	7~14	7~14	7~14	7~14	4~7
	差	0~3	0~6	0~6	0~6	0~6	0~3
要素得分							
合计							
测评者评语				测评者签名			

由于面试带有一定的主观色彩，因此在实施过程中会有一些人为的因素影响面试结果。对此，企业中负责或参与招聘的人员应该尽量避免 5 个方面的表现，面试应避免的误区见表 1-7。

表 1-7　面试应避免的误区

避免的误区	内容说明
晕轮效应	晕轮效应又称光环效应，属于心理学范畴，是指当认知者对一个人的某种特征形成好的或坏的印象后，他还倾向于据此推论该人其他方面的特征。在面试过程中，面试考官应从多方面考核应聘者，而不能根据应聘者的某一优点或者缺点对其做出整体判断
首因效应	首因效应又称第一印象。在面试之初，考官就可能对应试者有一个比较固定的印象(可能是好的，也可能是不好的)，并且可能根据这个固定的印象对应聘者在整个面试过程中的表现给予包容或是做出不好的评价
个人偏好	在面试过程中，考官可能会对某一现象或者行为感兴趣，例如，倾向于重点大学毕业的应聘者，或者是对自己的校友、老乡偏爱等，这些都是应该避免的
以点概面、以偏概全	考官根据应聘者的某一点或是某一个行为做出评价，而不是根据应聘者的整体表现做出评价
经验主义	考官根据自己的经验对应试者做出评价，却忽略了应试者在面试中的具体表现

1.3.3　试用考核

试用期间，员工和企业可以增进双方的了解，待员工试用期考核合格后，才能转为正式员工。

1.3.3.1 考核内容

对新员工的工作能力、工作态度与素养等方面的考察。

1.3.3.2 考核信息来源

① 主管记录的员工工作过程中的关键行为和关键条件。
② 员工的各种培训记录。
③ 定期的工作汇报、日常总结资料。
④ 同一团队的评价、相关部门及团队的反馈意见和证明材料。
⑤ 主管与员工沟通过程中积累的有关信息。
⑥ 直接产生的工作绩效。

1.3.3.3 考核工具

试用期考核表是对员工在试用阶段进行评估的一个重要的管理工具，试用考核指标及描述如表1-8所示。

表1-8 试用考核指标及描述

评价指标		描述	分值	考核得分
岗位要求	适岗程度	经验、能力和技能与岗位的符合程度	20	
	工作效率	是否在规定的时间内完成配送任务,遇到问题要及时反馈	15	
	工作质量	是否在规定的时间内将货物安全无损地送到客户手中	15	
工作态度	责任心	对自身岗位职责和目标负责,勇于承担责任	10	
	主动性	积极推进工作,努力寻求目标,不回避困难	10	
	服务意识	配送货物时态度亲和友好,主动为客户解决相关问题	10	
	团队意识	积极关注团队整体目标,与团队成员共同完成工作目标	10	
	学习领悟	对配送方面的知识掌握迅速、全面,领悟力强,善于总结学习	10	
考核得分汇总				

1.3.4 入职流程

新录用员工接到公司录用通知后，在规定时间内到公司报到。人力资源部负责为新员工办理入职手续。入职手续的办理包括以下事项。

1.3.4.1 验收相关证件

相关证件包括身份证、学位证书、毕业证书、离职证明、照片、职称证书、英语等级证书等，对这些证件进行验收。

1.3.4.2 员工入职体检

员工进入用人单位工作之前，需进行身体检查，其目的是为了保证员工的身体健康，更好地进行工作。

企业可通知员工在入职时提交医院出具的体检报告，或安排员工自行到指定医疗机构进行入职体检。当然，企业也可统一组织新员工入职体检。入职体检通知示例如图 1-7 所示。

入职体检通知

集团各中心（部门）、各事业部、各子（分）公司：

经公司研究决定，组织公司新入职员工进行一次集中健康体检。现将具体事宜通知如下：

1. 体检对象：____月____日前新入职的员工

2. 入职体验医院及地址（略）

3. 体检项目及资费（略）

4. 体检程序说明

新员工本人到医院进行规定项目体检→医院通知公司领体检结果→公司通知新员工到医院取体检报告→新员工本人持医院体检报告到公司人力资源部报到→办理入职手续。

图 1-7 入职体检通知示例

1.3.4.3　填写入职登记表

入职登记表包括员工个人基本信息、工作经历、所受教育、培训经历等，如表1-9所示。

表1-9　员工入职登记表

姓名		性别		出生日期		
职位		所属部门		入职日期		
个人基本信息	现居住地址					
	家庭地址					
	户口所在地					
	身份证号码					
	身体健康状况		婚姻状况		爱好	
	联系方式		E-mail			
	紧急联系人		联系方式		与本人的关系	
工作经历 （最近五年内）	工作时间		工作单位		担任职务	证明人
所受教育 （从高中填起）	时间		学校名称		专业	学位
培训经历	时间		培训机构		培训内容	所获证书

1.3.4.4　签订劳动合同

视具体情况签订固定期限、无固定期限和以完成一定工作任务为期限的劳动合同。

第2章

配送人员培训管理

2.1 产品配送知识培训

2.1.1 特殊产品的配送

特殊商品是指对社会经济秩序和人民生活有着极为重要影响的商品。根据《中华人民共和国广告法》的规定：药品、医疗器械、农药、麻醉药品、精神药品、毒性药品、放射性药品、食品、卷烟、烈性酒、化妆品为特殊商品。下面主要对药品、化妆品这两类产品的配送进行说明。

2.1.1.1 药品配送

药品配送是指由国家药监局批准的，通过 GSP 认证的可从事药品批发业务的公司，对药品生产企业生产的合格药品送达指定的有药品销售资格的机构的过程。在《药品经营质量管理规范》中，对社会第三方物流运输配送企业的药物装卸、运输及配送做出了明确的规定。因此，配送人员在进行药物的装卸、运输及配送时，具体应明确以下问题。

(1) 了解药品配送的特点

在进行药品配送前，首先需了解药品配送的特点，以提升配送的效果。与其他配送物品相比，药品配送有一些特点，如图 2-1 所示。

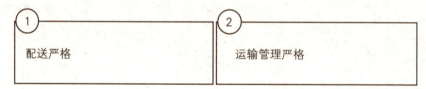

① 配送严格	② 运输管理严格
出库时应掌握"先产先出、先进先出、易变先出"的原则，以确保库存药品始终保持为良好的状态	在运输药品时，应根据不同药品的特性选择不同的交通工具以及必要的措施保证药品的安全性

图 2-1 药品配送的特点

(2) 掌握药品配送的原则

① 药品无损坏原则。在配送前，对所配送药品进行检查，确保包装无损坏、物品无缺漏。

② 服务质量优质原则。配送人员在药品配送过程中，应做到及时、准确、周到、方便、热情，不得办事拖拉、刁难客户、手续烦琐、冷淡客户，实行"一站

式"服务。

(3) 需注意的问题

① 药品验货环节：查看药品是否原厂包装，是否有蹾角、挤压的问题，如果箱子未装满就需要开箱验货，检查药品是否有异常，检查时要确保手上干净不能沾污药品。

② 提货装车环节：在进行药品的装车时，应注意重货在下轻货在上，注意堆码层高、是否倒置、分批装载。

③ 货物运输环节：如果需要公路长途运输，在车辆行驶前应检查车厢是否漏水，做好车辆的定时保养、跟踪，对司机的疲劳驾驶进行严格控制，避免相关事故发生；如果需要航空运输，则应做好运输包装防范，确保包装的实用性。

④ 配送环节：送到收货处先投单，按药品批号向外的原则整齐码放，轻拿轻放，切勿抛、扔，协助收货人员验收。需要冷链包装运输的，一定要将药品拉到阴凉库内或者冷库内开箱验货；通过冷藏车运输配送的等验货人员到车门处后再开车门，避免过早开门带来局部瞬间超温带来的验收风险。

2.1.1.2 化妆品配送

根据《化妆品标识管理规定》，按照使用目的、特点、受众人群等可分为不同的种类，因此，在进行化妆品的装卸、运输及配送时，应注意以下事项。

① 合理包装。根据化妆品的大小、特性等，进行合理包装。

② 运输过程中的管理。如对小体积的唇膏、香水等应放在上层位置，对于易融化的口红、发蜡等应放在合适的环境中进行运输。

③ 配送管理。由于化妆品的体积较小、易损坏，在配送过程中，应注意轻拿轻放。

2.1.2 闪送产品的配送

闪送是一种新型的快递模式，为用户提供专人直送，限时送达的同城递送服务。客户无论在城市的什么位置，需要递送何种物品，都可以发起闪送服务请求。只要客户在微信、手机 APP 客户端或闪送官网成功下单，系统就会把订单推送到客户周围的闪送员手机上，闪送员就近进行抢单。从取件到送达，全程由唯一的闪送员完成，平均送达时间在 60 分钟以内。

2.1.2.1 闪送的特点

闪送一般具有快速性、安全性、专业性的特点，闪送特点及说明如表 2-1 所示。

表 2-1　闪送特点及说明

特点	说明
快速性	相比于传统配送,闪送具有发件快、取件快、送件快的特点 ①发件快:用户可以通过电脑下单,也可以通过微信、手机 APP 客户端下单,方便快捷一键式服务 ②取件快:当客户发出寄件需求,附近闪送员收到推送信息,及时上门取件,并及时配送 ③送件快:直提直送,中间无分拣环节,点对点服务,速度快
安全性	①信息安全:无纸化单据,快递信息不暴露,业务完成后,数据信息自动封存 ②包裹安全:全程轨迹监控,无分拣环节,点对点专人直送服务,下单完成后一般60分钟内送达
专业性	从闪送员的招募到后期的上岗,公司会对其做相应的培训、面试,合格后会给予配发资格证件

2.1.2.2　闪送产品的特点

闪送产品一般为有时限性要求的产品,如鱼虾、肉、新鲜蔬菜、水果、鲜花、急需的文件、药品等。概括起来,闪送产品一般为急需物件、保鲜时间较短、配送时间要求较严、非必须存放在物流中心的物件,闪送产品说明如表 2-2 所示。

表 2-2　闪送产品说明

类型	说明
急需类物件	此类物件一般指文件证件、药品等,如身份证、车票、药品等
保鲜时间较短类物件	一般指生鲜食品,如外卖、蔬菜、水果等
配送时间要求较严物件	一般指特定时间需送达的物件,如鲜花、蛋糕等
其他物件	一般指非必须存放在物流中心的物件,如宠物、衣服、优盘、烟酒等物件

2.1.2.3　闪送产品注意事项

由于闪送产品对时限的要求相对较高,因此配送人员在进行货物配送时一般会出现比较匆忙或者是夜间配送的情形。在闪送过程中,应注意以下问题。

(1) 货物取送与交接安全

在进行货物取送与交接时,往往因为超时送达、包装破损、物品缺失等情形而受到客户的投诉。为了避免上述情形,在进行货物取送与交接时,应注意相关问题。货物取送与交接注意事项如图 2-2 所示。

```
     ┌─────────────┐                      ┌─────────────┐
     │ 注意货物应送达 │                      │ 在配送过程中,注 │
     │ 时间,提前出发, │                      │ 意包装的完整性, │
     │ 避免迟到      │                      │ 避免因包装破损 │
     │             │                      │ 导致投诉      │
     └─────────────┘                      └─────────────┘

                    ┌─────────────┐
                    │ 注意检查货物清 │
                    │ 单,避免因货物 │
                    │ 缺失而引发客户 │
                    │ 投诉         │
                    └─────────────┘
```

图 2-2　货物取送与交接注意事项

如蛋糕的取送与交接,首先应注意手拿的方式,一手托底,一手拿把柄的一侧,避免拿歪导致蛋糕滑落;如果是乘地铁闪送,则应用保温袋装蛋糕,放到角落的地上,自己在一旁做好防护,以免踩踏或者倾倒。

(2) 夜间送货规范

夜间闪送时,应首先确定好用户的地址是否正确;其次在送达之后应注意安静,不高声喧哗,减少对客户及对周边邻里的影响;再次还需注意交通安全。

2.1.3　大件产品的配送

对于配送企业而言,大件产品主要以大家电为主,还包括一些家具、健身户外类产品。如家具家电、健身器材等。对于大件产品的配送,至少需做好如下两方面的工作。

2.1.3.1　出货检查

商品出库检查是指以商品出库凭证为依据对商品在出库作业过程中的各个工序进行检查,以保证出库商品的数量准确、质量完好、包装完善,杜绝差错的发生。

出货检查的内容主要有 4 个方面，出货检查的内容如图 2-3 所示。

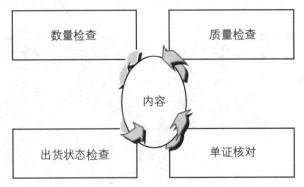

图 2-3　出货检查的内容

出库检查的方法主要有以下 4 种。

(1) 个人检查

个人检查即由个人对所发商品进行照单检查，并对所发商品的质量、数量负全部责任。这种检查方法虽然简便经济，但是效率比较低，并且多次检查也可能存在错误。

(2) 条码检查法

条形检查法是先导入条码，让条码与货品保持一致。在进行出货检查时，使用条形识别设备进行货物扫描，由电脑进行资料的比对，以检查是否存在出货的问题。

(3) 声音输入检查法

声音输入检查法是指由作业员发声读出货品的名称（或代号）及数量，电脑接收声音后自动识别，并转化成相应资料与出货单进行比较的方法。这一方法的优点在于作业员只需发出声音读取资料，自由度较高。但是，对发音的准确度要求高，且朗读速度需较慢，否则可能导致电脑无法识别。

(4) 重量计算检查法

重量计算检查法是指先利用自动加总得出货单上货品的总重量，然后将拣出的货品用称重器称出总量，再将两者数据进行比较检查的方法。如果两者一致，则说明商品与客户的要求基本没有差别，这一方法的准确性较高，极大地提高了工作效率。

2.1.3.2　做好配送过程中的防护

① 完整防护、分类打包。针对不规则、易破损的家具、产品，配送人员在配送前都做了完整防护、分类打包，以确保配送过程中的安全。

② 专人保障。对于板材类的家具材料或健身器材等，配送人员会在配送前做

好相应的防护，并由专人进行安全保障。

图2-4是大型家具打包流程。

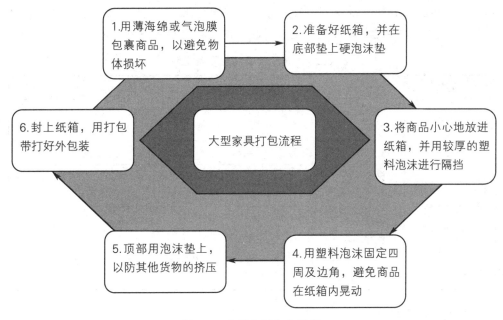

图2-4 大型家具打包流程

2.1.4 易坏产品的配送

易坏产品主要是指易损坏、易腐坏的产品，其主要有表2-3所示类型。

表2-3 易坏产品的类型

类型	说明
易损坏	易损坏产品主要是指酒水、数码通信产品及其有关配件、电子产品等，如各种酒类、手机、耳机等
易腐坏	易腐坏产品以生鲜产品为代表，如冷鲜肉、海鲜、果蔬等
兼具易损坏、易腐坏的特性	部分农副食品，如鸡蛋等

下面对电子产品及生鲜产品的配送加以说明。

2.1.4.1 小型电子产品的配送

小型电子产品主要是指车钥匙、手机、手表等产品。在进行这些物品的配送时，应注意以下问题。

(1) 电子产品的特点

电子产品是以电能为工作基础的相关产品,主要包括:手表、智能手机、电话、电视机、影碟机、录像机、摄录机、收音机、收录机、组合音箱、激光唱机(CD)、电脑、移动通信产品等。电子产品特性及其说明如表2-4所示。

表2-4 电子产品特性及其说明

特性	说明
精密性	电路板或电子产品内部构造复杂,零部件生产精密,不能承受外力冲击、磕碰
易受潮	受潮后,大量水汽会浸入电路板形成水渍,造成短路,或使金属接口氧化
易沾灰尘、油脂	灰尘、油脂的进入会妨碍电路板接点间的电流传导,污染内部线路,影响内部零件,造成损害
易受静电影响	过大的静电会击伤电子产品内的一些电子元件,造成零部件短路,最终直接损害整个机器
不耐高温	过热的高温环境不但会使电子产品的外观致损,也会使内部的一些零件性能不稳,直接影响产品的使用功能

(2) 解决方法

在进行电子产品的装卸、运输、配送时,有以下解决方法。

① 进行合理有效的外包装。外包装是保护产品免受损坏的有效方法,选用物化性能稳定、机械强度大、透湿率小的材料进行包装,能有效防止电子产品的氧化、生锈、短路等问题的出现。

② 防止挤压。外力或各包装箱体在堆码或运输颠簸中出现的相互挤压,容易造成包装物或产品的变形。尽可能平放物品,并对较易受挤压影响的物品放于其他货物之上,能有效减少物品损坏。

2.1.4.2 生鲜产品的配送

(1) 生鲜产品配送的难点

生鲜产品是指未经烹调、制作等深加工过程,只做必要保鲜和简单整理上架而出售的初级产品。由于其需要保鲜、冷藏、冷冻等特点,因此,在配送过程中往往由于产品损耗、挤压等引起客户投诉。生鲜产品配送的难点如表2-5所示。

表2-5 生鲜产品配送的难点

难点	说明
损耗大	由于季节、温度的不同,生鲜产品往往由于保鲜的不到位,而发生蔬菜变黄、发黑,水果变干的情况,引起客户投诉

续表

难点	说明
成本高	往往需要配备相应的保鲜工具,以免在配送过程中因产品质量问题而引起客户投诉,有一定的配送成本
易损坏	由于蔬菜、水果等产品在配送过程中因为挤压、碰撞等问题会发生挤烂、变形的情况,客户接收时容易产生投诉,进而影响配送人员绩效

(2) 解决方法

面对以上问题,配送人员可采用以下方法进行解决,避免客户投诉。
① 购买保温效果较好的保温箱,对需保温物品及时放在保温箱中。
② 在接收物品后,尽快对生鲜类产品进行配送。
③ 配送过程中,对容易挤压变形的物品放在较上层的位置,并做好包装防护工作,避免挤压、碰撞。

2.2 装卸知识培训

2.2.1 货品装卸的注意事项

为保证货品的安全,防止货品在搬运、装卸过程中损坏或损毁,配送人员应在进行货物包装、搬运过程注意一定事项。

2.2.1.1 了解包装搬运标志

为了保证快件的安全,防止快件在搬运、装卸过程中损坏或损毁,对搬运、装卸有特殊要求的快件都要在快件包装箱上贴出包装搬运标志,以提示搬运装卸人员依规定进行规范操作。部分包装搬运标志说明如表2-6所示。

表2-6 部分包装搬运标志说明

标志名称	图形符号	标志	含义
易碎物品			表明运输包装件内装易碎物品,搬运时应小心轻放

续表

标志名称	图形符号	标志	含义
禁用手钩			表明搬运运输包装件时禁用手钩
向上			表明该运输包装件在运输时应竖直向上
怕晒			表明该运输包装件不能直接照晒
怕辐射			表明该物品一旦受辐射会变质或损坏
怕雨			表明该运输包装件怕雨淋
重心			表明该包装件的重心位置,便于起吊
禁止翻滚			表明搬运时不能翻滚该运输包装件
此面禁用手推车			表明搬运货物时此面禁止放在手推车上

续表

标志名称	图形符号	标志	含义
禁用叉车			表明不能用升降叉车搬运的包装件
由此夹起			表明搬运货物时可用作夹持的面
此处不能卡夹			表明搬运货物时不能用作夹持的面
堆码质量极限			表明该运输包装件所能承受的最大质量极限
堆码层数极限			表明可堆码相同运输包装件的最大层数
禁止堆码			表明该包装件只能单层放置
由此吊起			表明起吊货物时挂绳索的位置
温度极限			表明该运输包装件应该保持的温度范围

2.2.1.2 货品搬运注意事项

(1) 一般货品搬运注意事项
① 尽量使用工具搬运,以减少搬运次数。
② 使用搬运工具前,应认真检查工具的完好情况,严禁超负荷使用。
③ 装卸时应做到轻装轻放,重不压轻,大不压小,堆放平稳,捆扎牢固。
④ 应根据货品的标签进行区分,避免因货品搬运而造成货品缺失或未配送情况。

图 2-5 是台式电脑搬运注意事项。

台式电脑搬运注意事项

1. 将连接台式电脑的线都拆掉并集中放好,以防止搬运过程中丢失。
2. 把电脑用包装箱包装起来,不能袒露在外直接搬运,防止运输中进水或碰撞后毁坏线路而影响使用。密封空间的空隙处用泡沫等物体填塞。
3. 辅件收纳。如今的电脑都有不少辅件,比如耳机、音箱等,需将其有序放置好。
4. 在箱子外面标注上"易损坏"或者"轻拿轻放"的字样,提醒工作人员搬运时留意,防止碰撞。

图 2-5 台式电脑搬运注意事项

(2) 危险货品搬运注意事项
① 应严格遵守各项安全规定。在装卸前后,应对搬运工具进行清洁。
② 在装卸时,应佩戴相应的防护工具。
③ 注意轻拿轻放。防止撞击、重压、拖拉和倾倒,安全平稳地堆放。

2.2.2 货品装卸的安全事项

为加强对配送人员货品装卸的安全管理,消除各种安全隐患,防止装卸搬运事故的发生,可对员工进行货品装卸安全知识培训,其内容可从多角度来灵活设计。依据流程可分为装卸前、中、后等;依据货品类别可分为装卸工具、货品特性等。

图 2-6 是装卸搬运过程安全规范。
图 2-7 是危险化学品搬运的安全规范。

装卸搬运过程安全规范

第1条　装卸搬运前的安全规范

1. 装卸搬运人员应根据不同货品的特性，穿戴合适的防护用具。
2. 防护用具包括工作服、护目镜、橡皮袖套、橡皮手套等。
3. 操作前应由专人检查装卸搬运人员的防护用具是否穿戴齐整、规范。

第2条　装卸搬运过程中的安全规范

1. 搬运人员装卸危险化学品时，应轻拿轻放，防止撞击、摩擦、震动等。
2. 装卸腐蚀性物品时，应检查包装容器是否破损。搬运时严禁用身体直接接触腐蚀性的物品，应用配备的工具如叉车等搬运。
3. 两种性能相抵触的化学物品，严禁同车混装、同地混放。

第3条　装卸搬运结束后的安全规范

1. 散落在地面的物品应及时清理干净。
2. 装卸作业完毕后，装卸搬运人员应及时做好个人清洁工作，如洗手等。
3. 如装卸人员出现头晕等不适现象，其他工作人员应依照救护措施对其进行急救，严重者立即送医院治疗。

图 2-6　装卸搬运过程安全规范

危险化学品搬运的安全规范

1. 搬运人员需穿戴好防护用品。
2. 装卸搬运前对货品进行仔细的检查，以确定包装是否有破损、货品是否有渗漏。如有渗漏，应首先进行渗漏处理，然后再进行搬运作业。
3. 装卸搬运毒害品时，必须保持现场空气流通。
4. 装卸搬运化学危险品时，搬运人员要轻拿轻放，防止撞击、摩擦、碰摔、震动等。
5. 放置化学危险品时，搬运人员应严格按照包装上的标识作业，对于有不可倒置标志的货品切勿倒放。

图 2-7　危险化学品搬运的安全规范

2.3 沟通知识培训

2.3.1 内部沟通技巧

人际沟通是维系员工关系的一个重要因素。如果企业人际沟通不畅，缺乏必要的反馈，将会引起很多矛盾和冲突，进而导致员工工作热情和积极性下降，影响工作效率。不间断沟通将会促进良好员工关系的建立，从而减少冲突，增加员工对企业的信任。因此，对于配送人员而言，能否与部门内领导及相关部门人员进行合理沟通，是配送任务能否顺利完成的关键。那么，配送人员在与部门领导或相关工作人员进行沟通时，有哪些沟通技巧呢？

2.3.1.1 上向沟通技巧

上向沟通是指下级机构、人员向上级机构、人员反映或汇报情况，提出建议或意见。配送人员因个人问题或配送过程中存在的问题在与上级进行沟通时，应注意讲究方法，灵活运用以下技巧。

① 选择恰当的时机。因为领导每天要处理的工作很多，与上级沟通，并不一定全要在办公室内进行，配送人员应注意场合，选择恰当的时机。

② 预测质疑，准备答案。如果配送人员有关于提高配送效率、提高服务满意度的建议，应在向上级进行汇报时，预想上级可能会提出的各种质疑，那么建议被采纳的概率就会大大增加。

③ 突出重点，简明扼要。在与上级进行沟通时，配送人员应先弄清楚自己最想解决的问题，这样就能够做到重点突出，简单明了。

④ 尊重领导的决定。在阐述完个人建议后应给领导留一段思考的时间，即使建议被否定，也应该感谢领导倾听自己的意见，让领导意识到自己工作的积极性和主动性。

2.3.1.2 横向沟通技巧

横向沟通主要是指配送人员与部门内其他配送人员或客服等的沟通。横向沟通以争取配合为主要目的，并且在企业内部进行，不同于公关与谈判，应该直截了当、简洁明了。

因此，配送人员在进行横向沟通时，应注意掌握以下技巧。

① 沟通从工作出发。沟通一定要着眼于工作。若双方因工作产生误会，则及

时的沟通有助于后续更好地工作。

② 树立"内部客户"的理念。树立"内部客户"的理念认为，在工作中，后一个环节的实施者就是前一环节的客户。要用对待外部客户的态度和热情去服务内部客户。

③ 双方求同存异。由于职位不同，在工作中双方持不同态度、不同观点的情况是很普遍的。因此，在沟通时坚持求同存异的原则，沟通就会很顺畅。

2.3.2 与客户沟通技巧

与客户的沟通主要是指送达后礼仪、取货方式、货款回收等方面的沟通。在沟通的过程中，需要掌握适当的技巧，以便传递恰当的信息，确保沟通顺畅。

2.3.2.1 有效表达

在沟通的过程中，语言表达至关重要。一方面，语言表达向对方传递了相应的信息；另一方面，语言表达需要引起对方的反应。若表达不清，意思不明，则不能传递恰当的信息。表 2-7 对不良表达与有效表达的要点进行了说明。

表 2-7 不良表达与有效表达要点

不良表达	有效表达
准备不充分 表达不充分 不注意观察听众 时间和地点选择不恰当 错误的身体语言 自己对所表达的内容不感兴趣 ……	选择一个恰当的时间、地点 考虑听众的情绪 表达应准确、简明、完整 使用听众熟悉的语言进行表达 语言与形态语言表达一致 在表达过程中，检查对方是否明白了表达的内容 营造相互信任的气氛 ……

2.3.2.2 倾听的技巧

配送人员在沟通的过程中，通过倾听可以有效了解客户想要传达的信息，同时感受客户的情感或情绪。

(1) 主动倾听

主动倾听是指积极地捕捉发言者的观点和想法，表现出倾听的意愿和兴趣，避免分心、冷淡或不耐烦等表现。这是有效沟通的基础，为此，配送人员应在与客户沟通之前做好充分的准备，将可能使人分心的东西（如手机等）放在一边，以避免消极的态度影响倾听的效果。

（2）谨慎反驳客户观点

在与客户进行沟通的过程中，客户的某些观点可能会引起自己的不满。但作为配送人员，不应对客户进行直接的批评或反驳，应采取提问等方式提出自己的看法。例如针对客户觉得服务费用高了，你可以说："既然您觉得我们公司的快递服务价格高，那么您是否担心过因快递服务价格低而可能造成您的包裹遗失或损坏的情况呢？"或"既然这样，那您认为什么样的价格才能令您满意呢？"

（3）不打断对方

培根曾经说过"打断别人、乱插话的人，甚至比发言冗长者更令人生厌。"在沟通的过程中，不轻易地打断对方，不妄加评论，不过早下结论，这是对他人的基本尊重。同时，随意打断客户会影响其热情和积极性。因此，对于配送人员而言，在交谈过程中，碰到需要回应客户时，可使用"是的""好的""可以""对"等进行回应。下面是某配送人员打断客户说话的示例，供参考。

小李是一名配送人员，张先生需要寄一份包裹给他的朋友。小李对客户张先生说："张先生，我们的配送服务的项目有货到付款和预付两种，价格分别是××元、××元。"张先生说："你们的价格比其他公司的……"未等张先生说完，小李说道："等一下，你说的我知道，我们公司的快递服务绝对比其他公司的服务好得多……"张先生说："对，但是大公司配送，我也碰到过……"又没等张先生说完，小李继续说道："你说的这个问题我们公司绝对没有，你放心吧……"如此几次三番下来，最后张先生选择了其他的配送公司。

（4）复述内容

在沟通结束后，为检查自己是否真正理解了客户说话的含义，配送人员可以把听到的内容用自己的话加以复述，以确定没有误解对方的意思。

（5）倾听的注意事项

在倾听客户的谈话时，应注意一定问题，倾听的注意事项如图2-8所示。

2.3.2.3 提问的方式

配送人员在与客户进行交流的过程中，适当地提问有助于增进双方的沟通，便于配送人员了解客户的实际需求。提问的方式主要有开放式提问与封闭式提问两种。

（1）开放式提问的方式

开放式提问是指提出比较概括、广泛、范围较大的问题，对回答的内容限制不严格，给对方以充分自由发挥的余地。这一提问方式可以帮助配送人员了解一些情况和事实，但同时客户也有了较大的自由性，很多时候这些问题根本起不到快速了解客户需求、节约时间的目的。因此，开放式提问方式常用于提问开头，用于缩短双方距离，在涉及具体问题如付款方式、质量大小、配送地址等时，还需要采用封

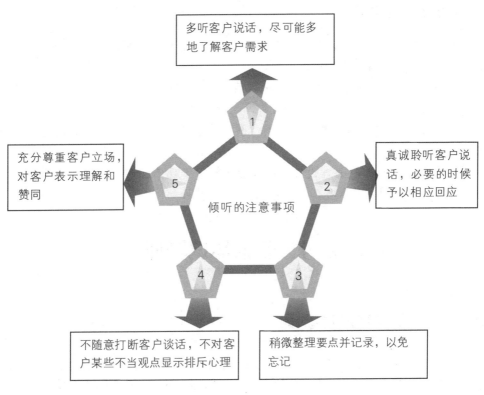

图 2-8 倾听的注意事项

闭式问题进行提问。

(2) 封闭式提问的方式

封闭式提问一般是指针对具体问题进行提问,如付款方式、收货人信息、东西完备程度等,不需要客户进行展开描述。这一提问方式要求配送人员有丰富的专业知识,能正确、合理地运用封闭式的提问。

(3) 提问的方式示例

表 2-8 是配送人员开放式与封闭式提问示例,供参考。

表 2-8 开放式提问与封闭式提问示例

开放式提问	封闭式提问
您好,这是您订购的商品吗? 您为什么要退货呢? 您有什么问题? ……	请问您是某某先生/女士吗? 您退货是因为××原因吗? 您还有问题吗? ……

2.3.2.4 反馈技巧

反馈是有效沟通所追求的结果，反馈的技巧相当重要，配送人员在与客户沟通的过程中，需要掌握如下的反馈技巧。

① 针对客户的问题进行反馈，听清楚客户的需求，理解客户的意思后进行反馈。

② 反馈要具体明确，表达不具体、不清楚，无助于解决问题，而且也容易伤和气。

③ 反馈要正面，具有建设性，这样能起到事半功倍的效果，也能给客户留下深刻印象，便于提高满意度。

2.4 收款知识培训

2.4.1 电子收款注意事项

电子支付具有方便、快捷、高效的优势，因而电子支付被广泛运用在收款、结算工作中。如配送人员会采用电子收款工具，如支付宝、微信等对包括未付款、剩余尾款、补收款在内的货款进行代收。在使用电子收款工具进行代收时，应注意以下事项。

2.4.1.1 使用收款码收款

使用收款码进行收款时，需注意几点，收款码收款注意事项见图2-9。

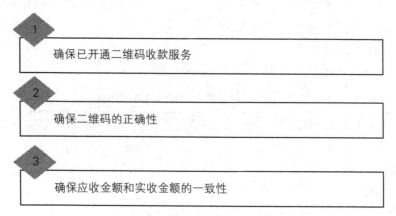

图2-9　收款码收款注意事项

2.4.1.2 使用账号收款

在使用账号进行收款时，与二维码收款较为类似。需注意付款人的信息是否与货物购买人的信息一致，避免出现多收、错收等现象。

2.4.2 现金收款注意事项

现金收款是指配送人员通过现金收取的方式进行货款的回收。现金收款注意事项见图 2-10。

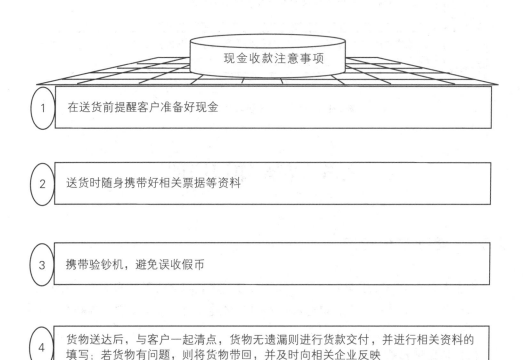

图 2-10　现金收款注意事项

2.4.3 POS 机收款注意事项

POS 机作为一种收款工具，主要是通过信用卡、储蓄卡等进行货款的代收，不涉及现金操作。在 POS 机收款的过程中，需注意几点，使用 POS 机收款注意事项见图 2-11。

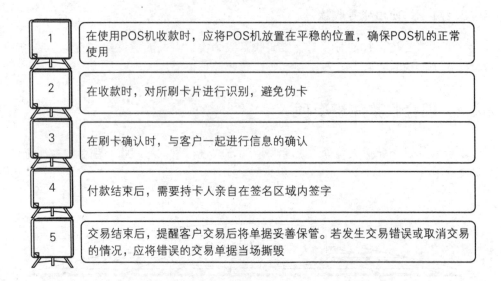

图 2-11 使用 POS 机收款注意事项

2.5 安全知识培训

2.5.1 驾驶安全知识

快递人员应了解交通安全知识，保证人身、货品和交通工具的安全。无论是汽车、摩托车还是电动自行车，快递人员必须严格遵守交通安全规则。驾驶汽车的快递人员要注意的安全事项如下所述。

(1) 预见性驾驶

许多交通事故都是由于驾驶员对险情确认迟缓或判断失误所致。为了避免交通事故的发生，快递人员应预见性驾驶，预见性驾驶注意事项如图 2-12 所示。

(2) 应急驾驶

很多交通事故往往是因为一些突然情况所致，如爆胎、转向失控、制动失灵、火灾、碰撞、天灾等。快递人员一旦遇上这些紧急情况，一定要采取必要的应急技术措施，最大限度地减轻或化解事故带来的损失和伤亡。

(3) 交通安全规范

交通安全注意事项如图 2-13 所示。

学会判断	⊙ 不要因错误判断或盲目自信导致事故
及时确认	⊙ 对复杂的交通环境中可能出现的险情进行及时确认
有效操作	⊙ 根据险情的程度，理智地采取相应的措施

图 2-12　预见性驾驶注意事项

交通安全注意事项

① 在规定的机动车行驶线路上行驶，并按照车道规定速度行驶，不得超速

② 行车途中不得拨打电话或接听电话，应将车停靠路边后拨打或接听电话

③ 下陡坡时不得熄火或空挡滑行

④ 注意保护车辆及货品安全，做到以下6点，防止盗抢

◆ 车辆应停靠在司机或公众视野的显著位置

◆ 除非装卸货品，确保在任何时候紧闭车门

◆ 途中不得轻信他人，随意开窗、开门或下车

◆ 起动前检查车轮及路况

◆ 行车证件随身携带，不得放在车上

◆ 禁止非公司授权员工乘坐车辆

图 2-13　交通安全注意事项

2.5.2 自助快递柜安全知识

根据国家《智能快件箱投递服务管理规定（暂行）》的相关规定，智能快件箱是指设立在商业区、居住区、办公区、校区、厂区等场所，供经营快递业务的企业投递和用户提取快件的自助服务设备。一定程度上，其方便、易操作的特性为消费者提供了便利。但随着普及速度的加快，配送人员在快递柜的使用上，也存在着包裹挤压、因快递柜忘记关闭导致货物丢失、因分拣问题导致快递柜取件码发送错误等问题。那么，配送人员在使用自助快递柜的时候，应如何确保货物安全呢？

2.5.2.1 加强配送人员管理

配送企业应加强对配送人员的管理，要求配送人员在将货物放置于快递柜之前与客户进行沟通，在得到客户允许后方可投递货物于快递柜中。企业可将此种沟通纳入配送人员客户满意度的考核之中。

2.5.2.2 选择合适大小的货箱，避免货物挤压

由于快递柜的大小早已确定，而购物包裹存在大小之分。配送人员在使用快递柜时，常因为大小偏差，使得包裹挤压或变形。这一情况容易招致客户投诉，为避免这一情况，在使用快递柜时，配送人员应尽可能选择大小合适的货箱，并做好相应的保护措施。避免因货物挤压变形导致投诉。

2.5.2.3 严格按照工序作业

配送人员在配送货物过程中，往往一次配送多件货物，这样不可避免地会发生因快递柜忘记关闭而导致货物丢失的情况。对待这一情况，配送人员应严格按照相关规定执行，按照工序作业，不应因时间问题而匆忙应对，以避免因快递柜未关闭而导致货物丢失。

2.5.2.4 仔细分拣，确保无误

快递柜一般是通过取件码进行取件，如果取件码出现错误，很容易发生快递错取或无法获取的情况。在实际的使用过程中，因配送人员快件分拣的失误，取件人无法获取货物的情况偶有发生，容易招致客户投诉。因此，配送人员在分拣货物放入快递柜时，应细心仔细，确保货物存放正确、无遗漏。

2.5.3 丢失预防安全知识

本书所指的丢失预防主要是针对快递车和货物丢失的安全预防。

2.5.3.1 货物丢失预防

(1) 信息核对

在配送之前,配送人员应对收货人的信息进行确认,以免发生货物送错导致丢失的情况。

(2) 请求用户自行取件

在派件前联系客户,请客户到指定地点自行取件。若是客户取件不方便,则尽量克服困难完成派件。

(3) 他人协助

平时与安保人员保持良好关系,请求小区内的安保人员帮忙看护。

(4) 贵重物品随身携带

准备一个配送包,对需派送的小型贵重物品随身携带,也是防止货物丢失的一个有效方法。

2.5.3.2 车辆丢失预防

(1) 车辆上锁

在上楼送件的时候,对车辆进行上锁,以确保车辆安全。虽然会浪费一些时间,降低快递配送的效率,但却是一个预防车辆丢失的好办法。

(2) 将车辆停在监控处

现在大部分的小区、写字楼等公共区域一般安装有监控摄像头,将快递车放置在摄像头下,一般而言相对安全,发生了货物丢失情况也能很快追查到原因,是一种比较实用的方法。

(3) 请求他人代看

请求小区内的安保人员帮忙照看一下,尽快进行货物的配送。

(4) 给电动快递车加定位系统或者报警系统

如果是公司的配送车辆,可请求公司帮助安装定位系统或者报警装置,以确保车辆安全。

第3章

配送人员业务管理

3.1 交通工具管理

3.1.1 交通工具证照管理

《快递暂行条例》中明确规定，不得禁止快递服务车辆依法同行，就是说无论是电动两轮车、电动三轮车甚至是电动摩托车，都可以依法上路。但是，在快递车辆依法有序运营方面，要对快递服务车辆实施统一编号和标识管理，配发快递车辆专用通行证，定期对快递服务车辆驾驶人进行交通安全教育。

3.1.1.1 快递车辆通行证

快递专用机动车辆由市级邮政管理局统一登记，核发《快递车辆通行证》。快递专用电动三轮车实行统一标识规范管理，由市邮政管理局统一登记审核。只有取得《快递车辆通行证》的快递专用机动车辆和经过备案登记的快递专用电动三轮车，才允许在市主城区及各县（市、区）城区通行。

3.1.1.2 机动车行驶证

《中华人民共和国道路交通安全法》第八条规定：国家对机动车实行登记制度。机动车经公安机关交通管理部门登记后，方可上道路行驶。尚未登记的机动车，需要临时上道路行驶的，应当取得临时通行证。因此配送人员驾驶的三轮车或摩托车必须具有机动车行驶证。

3.1.1.3 机动车驾驶证

配送人员驾驶电动三轮车必须持有准驾车型为"D"的驾驶证。

3.1.2 交通工具使用管理

对符合《快递专用电动三轮车技术要求》的三轮车，实行"统一规格、统一标识、统一购买保险、统一证件、统一管理"的规范管理模式。

在管理行为中，建立快递员安全学习培训制度，制发快递员交通安全活动卡，将教育情况记录存档。实行定人定车管理，建立行业记分管理、车辆记分管理制度，实行动态管理。

快递电动三轮车驾驶人员上岗时应当穿着各自企业品牌工服，并随车携带驾驶证、车辆备案证、记分卡等相关证件,严格遵守道路交通法律法规。

根据《行业记分办法》记分,各企业所有车辆累计总记分达到36分的,减少该企业所属车辆1辆。车辆首次记分满12分的,对驾驶人进行培训,车辆停运一个月后返还车辆;再次记分满12分的,车辆将不得运营,并不得更新。

在统一编码的基础上,各寄递企业可与保险公司专门为电动三轮车设计车辆强制险,可以用相对较低的价格获得较高额度的保险保障,从而解决了快递员工作过程中的后顾之忧。

3.2 配送分片管理

3.2.1 快递路线规划管理

快件派送是快递工作的最后一个环节,是指快递员按运单信息将快件交给收件人并获得客户签收信息的过程。而快递员在这一过程中所经过的路线即为配送路线。

3.2.1.1 配送路线规划的要求

一般来说,为高效、准确地完成快件派送工作,提高快递员的工作效率,快件派送网点需要对快件派送顺序进行排序及对派送路线进行规划。

(1) 先优先快件

例如,等通知派送的快件,客户一般有较严格的时间要求,可能是具体到某一天,也可能具体到某一天的某一时间段,针对这一情况,必须根据客户要求的时间及时派送。

(2) 先保价快件

对于客户来说,保价快件具有价值高、易碎、重要性较高等特点。该类快件随身携带的时间越长,遗失或破损的风险越大,一旦遗失或破损,可能会给快递企业和客户带来巨大的损失。为降低风险,应优先派送保价快件。

(3) 先集中后分散

按派送地址的集中程度,先派送地址集中的快件,后派送地址较分散的快件,这在一定程度上可以节约快递员的派送时间。

(4) 先大(重)后小(轻)

由于搬卸大件或重件时,劳动强度相对较大。因此对大件(重件)进行优先派送，可以减轻快递员在快件派送途中的劳动强度和难度，同时也可以减少车辆磨损和能耗。

3.2.1.2 设计配送路线时的影响因素

在设计快件派送路线时，一般受到一定因素的影响，其主要分为主观和客观两种。

（1）主观因素

主观因素主要包括客户对送货时限的要求、送货地点的要求等。

（2）客观因素

客观因素包括天气变化、道路施工、运输车辆载重能力的限制等。

各种因素互相影响，很容易导致派送不及时、延误收货时间等问题。为避免类似情况的发生，应综合考虑影响快件派送的主、客观因素，设计合理的派送路线，提高配送效率。

3.2.1.3 配送线路设计的方法

配送线路设计的方法较多，下面简要地介绍了其中的 2 种。

（1）最短路径设计法

Dijkstra 算法属于最短路径设计法的一种。Dijkstra 算法用于计算一个节点到其他所有节点的最短路径，其主要特点是以起始点为中心向外层层扩展，直到扩展到终点为止。

（2）节约里程法

节约里程法可在保证货物准时到达客户指定地点的前提下，尽可能地减少配送车次和总路程。简单地说，是选择最少派送车辆的条件下，通过比较各配送线路组合，选择最节约行驶里程的线路组合的过程。

3.2.2 配送人员分片管理

随着业务的发展，配送企业除了需要做到可视化管理外，还需要对配送业务的片区进行划分，便于做到业务管理的精细化。

3.2.2.1 划分片区的作用

对配送人员进行片区划分，至少可以起到如下 3 方面的作用。
① 更好地覆盖目标市场。
② 提高客户管理水平。
③ 便于业绩考核与绩效改进。

3.2.2.2 片区划分的依据

配送业务片区划分，有多种划分依据。下面提供了3种划分方法。

(1) 以地理区域划分

企业规模不同，实力大小不同，市场覆盖范围自然不同，由此就形成了各具特点的销售区域划分。如跨国企业的业务片区划分为北美区、欧洲区、亚洲区等；国内企业的业务片区划分为华南区、华东区等。

(2) 以商圈划分

配送企业会根据其所在的地理位置，根据其商圈分布情况来划分业务片区。

(3) 以物流半径划分

配送企业以货物运输范围为划分标准。

3.2.2.3 片区业务考核

对各片区配送人员的考核，可以从规章制度执行情况、业务量、服务质量、营业额、结款情况等方面来评估。

3.3 领取货品管理

3.3.1 上门取货管理

上门取货收件是指快递员从客户处收取快件，包括验视、包装、运单填写和款项交接等环节。上门取货收件操作流程如图3-1所示。

3.3.1.1 接收公司或系统调度取件指令或按客户电话约定时间取件

快递人员接收公司或系统调度取件指令或按客户电话约定时间上门取件。取单方式为总部调令、APP接单、电话接单等方式，在接到取件指令及时或按与客户约定时间取货。

3.3.1.2 到达取货地址找到寄件人

快递人员在公司对外承诺的时间内到达寄件人处。

3.3.1.3 验视快件，做好包装

验视快件主要是指查看快件货物有无违禁品。对未包装或者包装不合格的快件

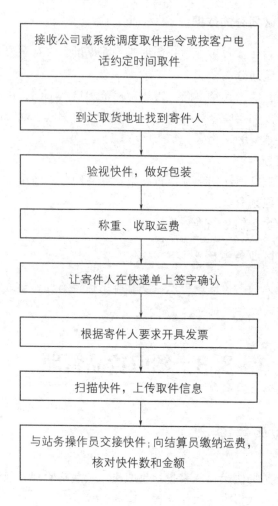

图 3-1　上门取货收件操作流程

进行包装，针对不同的商品，采用合适的包装材料，合理地包装商品。目前，快递公司采用的包装材料主要有白板纸硬包信封、塑料防水袋及瓦楞纸纸箱，对于易碎物品还需要用气泡膜、气泡垫等缓冲物品进行填充。

3.3.1.4　称重、收取运费

称取快件物品的重量，根据公司标准收取运费。快递员根据快件的始发地至目的地所在地区收费标准，结合快件重量对快件收取费用，由首重和续重两部分组成。

若快件属于轻泡货，即体积重量 [长(cm)×宽(cm)×高(cm)/6000] 大于实

际重量，则按体积重量进行计费。

月结客户可免收费一项。如果是到付快件，需要在运单上标示清楚，或使用专用的运单。

3.3.1.5 让寄件人在快递单上签字确认

检查寄件人在快递单寄件人的签字，并确认运输货物及运费。

3.3.1.6 根据寄件人要求开具发票

根据寄件人的要求提供发票或开具发票。对于直接申请网上电子发票的，要告知寄件人具体的申请途径。

3.3.1.7 扫描快件，上传取件信息

用扫描枪扫描快件编号，并将取件信息上传到系统中。

3.3.1.8 与站务操作员交接快件；向结算员缴纳运费，核对快件数和金额

回到站点后，将快件与站务操作员进行交接，同时向站点结算员缴纳收取的客户运费，核对清楚快件数和金额。

3.3.2 仓库取货管理

仓库取货收件是指快递员从客户仓库处收取快件。与上门取货收件操作的流程基本一致，但由于仓库取件经常为大宗货物，所以需带好称重的设备和拖车等，而且仓库大宗取货一般客户都是月结客户。仓库取货收件操作流程如图 3-2 所示。

仓库取货的操作流程与上门取货基本一致，需注意以下几点。

① 整理物品、做物品清单、包装包裹时可由快递员代为包装和免费提供包装物料，但需提前预约。

② 收件人员上门收取货物时，客户提供的批量收件方信息要详细填写包裹托运单据，双方确认重量、结算。

③ 收件人员要向客户提供结算票据和包裹追踪号码。

④ 上门收件人员在结算时均应能提供加盖快递公司公章或财务章的有效票据证明，否则客户可视为冒充收件交易。

⑤ 收件人员对客户提供的物品清单以及申报价值有履行检查核实义务的权力。

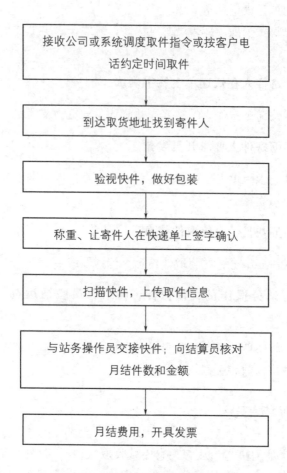

图 3-2 仓库取货收件操作流程

3.3.3 闪送货品领取

闪送是一种同城快递服务应用软件,是一个新型的快递模式,可以为客户提供专人直送服务限时送达。闪送货品领取操作流程如图 3-3 所示。

在闪送货品领取时,闪送员要注意以下几点。

(1)取件前要先电话确认地址

提前打电话给发件人,核实清楚地址再出发,这是很有必要的。

(2)闪送不提供包装

闪送是不提供外包装的,寄件人最好自己包装一下,只要不会漏掉就可以,因为闪送只送这一个快件,路上没有中转环节。

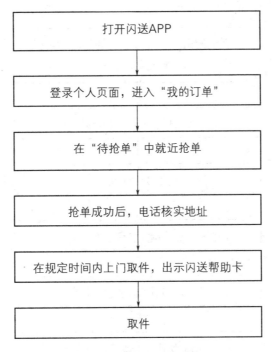

图 3-3 闪送货品领取操作流程

(3) 闪送上门取件会出示"闪送帮助卡"

闪送员上门取件需主动出示"闪送帮助卡",上面有闪送员的详细信息及工作照,而且该帮助卡配有防伪识别码。

(4) 寄件人可全程监控闪送员的位置

寄件人可以通过手机客户端全程监控闪送员的位置,闪送员承诺在规定时间内完成包裹的送达。

(5) 闪送时效

订单发出后30分钟左右闪送员即可上门,10公里以内一般在60分钟左右送达,方便了当前众多用户专人、快速的需求。

3.4 派送过程管理

3.4.1 派送管理

派送是指快递服务组织将快件递送到收件人或指定地点并获得签收的过程。派送操作流程如图 3-4 所示。

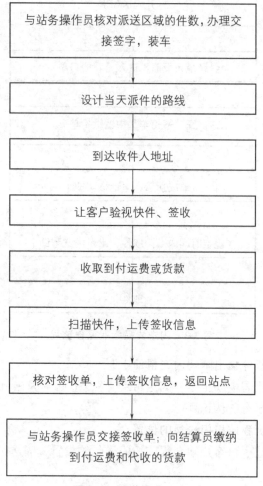

图 3-4　派送操作流程

下面针对派送操作部分流程作简要说明。

（1）与站务操作员核对派送区域的件数，办理交接签字，装车

与站务操作员核对派送区域的所有快递件数，办理交接签字手续，帮助装好车。此项工作在规定出发时间的前一个小时内进行。

（2）设计当天派件的路线

派送员根据区域内要派送的快件，设计当天派件的路线，在装车时就要按照这个路线进行装车，即先派送的放在外边或上边好拿取的位置，后派送的放在里边或下边。

（3）到达收件人地址

派送员按照设计的路线第一时间到达收件人处，按照设计的路线进行派送。

(4)让客户验视快件、签收

送达的快件请客户验视，查看外包装是否有损坏，内件是否有丢失，客户确认无误签收。

(5)收取到付运费或货款

如送达的快件需收取到付费用或代收货款的，根据规定收取运费或货款。如果是代收货款的，要根据快件的收款信息带好移动刷卡机等。派送员在客户处尽量在5分钟内完成。运费月结客户可免收运费这一项。

因快件破损、丢失等导致的纠纷，若无法当场解决，及时请相关负责人出面解决，不耽误其他快件的派送。

3.4.2 终端自提管理

在日常的快递派件过程中，收件人因上班、外出等原因导致快件无法顺利派送，送货速度慢，快递签收难等问题致使快递公司和客户之间难以协调，物流最后一公里问题愈加明显。

终端自提是一种建立在电子商务发展基础上的新型业务，由快递企业统一将快件安置于某处，再由客户自提回家。它是电子商务结合线下物流、快递、仓储应运而生的一种新型的快递包裹收发模式，这种新型的快递自提模式目前有以下几种运作模式。

(1)快递智能自提柜

它是一个基于物联网，能够将物品（快件）进行识别、暂存、监控和管理的设备，与PC服务器一起构成智能快递投递箱系统。PC服务器能够对本系统的各个快递投递箱进行统一化管理（如快递投递箱的信息、快件的信息、用户的信息等），并对各种信息进行整合分析处理。配送员将快件送达指定地点后，只需将其存入快递投递箱，系统便自动为用户发送一条短信，包括取件地址和验证码，用户在方便的时间到达该终端前输入验证码即可取出快件。

(2)电子商务公司或者快递公司与便利店合作模式的快递自提点

如顺丰与7-11便利店的合作，其他著名电子商务B2C网站与便利店、干洗店的合作等。

(3)电子商务公司组建的快递自提点

运作比较成功的有京东商城、菜鸟驿站。前者是商家自行建立，后者是由菜鸟网络牵头，以加盟商加盟的形式，运营和搭建的位于社区、行政区和交通便利位置的快递包裹的代收发和自取服务点。

(4)快递公司为了收发件方便，自己运营和建立的快递自提点网络

如顺丰速运的授权自营店嘿客。顺丰速递公司以自身业务发展和业务探索为前提，在国内很多地方建立了快递自提和自发网络，方便了快递包裹的收送，提高了快递包裹收送的速度。

(5) 门卫自提

门卫特指校区、社区的保安代理收取快件，收件人到门卫自提，降低了门到门的运营成本。

3.5 每日派送管理

3.5.1 派送计划制订

派送计划是依日期排定客户所需商品的品种、规格、数量、送达时间、送达地点、送货车辆及人员等的安排与规划。

3.5.1.1 派送计划的类型

配送中心的派送计划一般包括派送主计划、日派送计划和特殊派送计划。派送计划的类型见表 3-1。

表 3-1 派送计划的类型

派送计划的类型	内容说明
派送主计划	即针对未来一定时期内，对已知客户需求进行前期的配送规划，便于对车辆、人员支出等的安排，以满足客户的需要
日派送计划	根据主派送计划，配送中心按日进行实际配送作业的调度计划
特殊派送计划	配送中心针对突发事件或者不在主派送计划范围内的配送业务制订的派送计划

3.5.1.2 制订派送计划的依据

配送企业需根据如下几方面的因素来制订出合理的派送计划。

① 客户的订单及分布情况。

② 配送商品的性态。

③ 分日、分时的运力配置情况。

④ 路况及企业的运输条件。

⑤ 各配送地点的库存。

3.5.1.3 派送计划制订的程序

配送作业过程包括计划、实施、评价三个阶段。其中,派送计划的制订程序可参考图 3-5 所示的步骤进行。

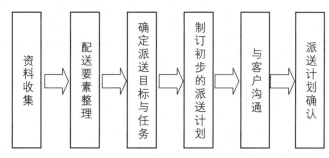

图 3-5 派送计划制订的程序

3.5.2 每日统计报表

每日统计报表如表 3-2 所示。

表 3-2 每日统计报表

配送部门:　　　　　　　　　　　　　　　　　　　　　　　　　年　月　日

序号	客户名称	物品名称	物品规格	配送数量	配送时间	配送地点	配送人	配送车辆状况

3.6 特殊业务处理

3.6.1 贵重物品件处理

一般情况下,贵重物品都是有形物品,通常国内快递公司根据各自的风险控制能力将高价值货物定位在人民币 5000~10000 元,客户托运物品的价值在此区间的,即被视为贵重物品。

一般具有高价值的货物有如表 3-3 所示的 6 类。

表 3-3 高价值货物表

序号	类别	高价值货物
1	金银等贵金属、珠宝，及相关饰品	金、银、铂金等贵金属及由其制成的饰品
		钻石、红宝石、祖母绿、蓝宝石、猫眼石和珍珠等
		由以上宝石镶嵌的饰品
2	货币、有价证券、信用卡等	合法的货币、有价证券、支票或者股票、高价值邮票和信用证、信用卡等
3	古董、艺术品	艺术品字画、瓷器及其他艺术收藏品
		由金、银、铂金制成的艺术品
		古董表以及宝石镶嵌的名贵手表
4	高档保健品及生物制品	保健品人参、虫草及其他生物制品等
5	电子产品、高科技仪器	手机、计算机等电子产品
		各种高科技仪器

在收取和派送贵重物品件时，快递员操作时应注意如图 3-6 所示的事项。

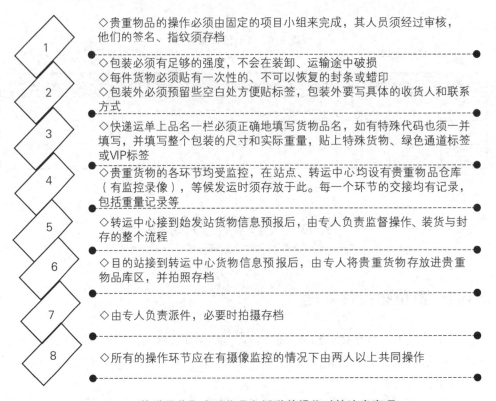

图 3-6 快递员收取贵重物品和派送件操作时的注意事项

3.6.2 遗失件处理

快件遗失分为整件遗失、内件遗失和内件部分遗失三种。快件遗失产生的主要原因如表3-4所示。

表3-4 快件遗失产生的主要原因

序号	原因	说明
1	包装不当	⊙因封箱不严或封箱胶带的强度不够,导致包装封口在运输过程中开裂,内装货物可能因此丢失 ⊙在运输过程中受压后,包装箱破裂,致使货物脱落而丢失
2	仓库管理不善	⊙人为盗窃 ⊙仓库收货、发货错误而导致库存盘亏 ⊙在进出仓库的交接过程中发生差错,造成货物短少
3	运输过程中的疏漏	⊙派送车辆后门在行驶途中意外打开 ⊙车门封闭不严 ⊙敞篷车内的快件因颠簸而滑落 ⊙在装卸过程中没有严格进行清点交接
4	派送过程中的疏漏	⊙因摩托车、电动车派送员采用捆绑方式携带货物,如果捆绑不严,会导致快件脱落 ⊙快件没有及时送达收件人,而是留置在收货单位的传达室等非指定收货人处,导致丢失 ⊙派送员不仔细查看送货地址和收件人,将贵重物品或有价值的文件错送给其他人 ⊙派送员急于完成派送任务,在收件人不在场的情况下,随便找其他人代签,由此造成的遗失

因此,特别是对于贵重货物的签收,一般不主张代签收的行为。签收一定要严格按照发货人的指示进行。需要签收单位盖章的,务必取得收货单位的盖章。对于个人签收,要验证收货人的身份。如果货物由其他单位代签收,则代签收单位必须是正规的公司或机构,代收人必须签署全名并填写经过核对无误的身份证号码。

为防止快件遗失,一般需要从图3-7所示的13个方面采取措施。

3.6.3 延迟件处理

通常,快件延误主要是由外界客观因素和快递企业内部因素造成的。外界客观

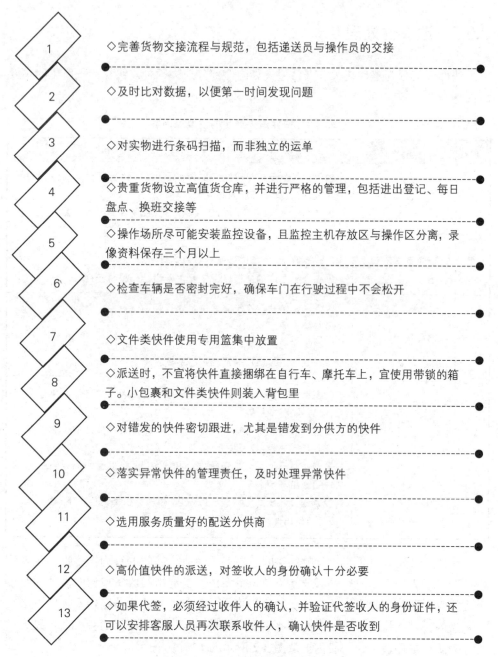

图3-7 防止快件遗失的措施

因素主要有天气异常、交通意外、第三方责任和客户自身原因。企业内部因素有资源配置不足、操作差错、分供方选择不恰当、承运违禁物品等。

为了降低快件的延误率,一般需要从如图3-8所示的几个方面着手处理。

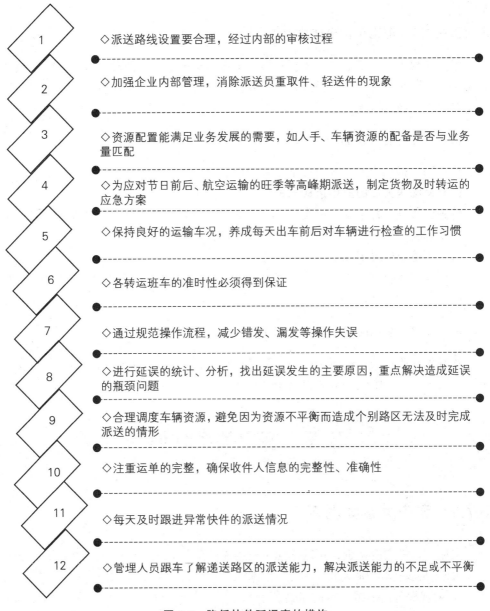

图 3-8 降低快件延误率的措施

3.6.4 突发事件处理

配送过程中，配送人员在做好配送本职工作，而且在应对突发状况的时候要积极作为，知道应该做什么，不应该做什么。下面列举了其中的 3 种情形予以说明。

3.6.4.1 配送车辆出现故障

配送过程中，若配送车辆出现故障，配送人员无法排除故障，则需及时上报公司负责人，若距离近，则安排人员过来处理，若较远，则将配送物品转移到另外的配送车辆上完成后续配送。

3.6.4.2 配送物品损坏

配送物品损坏，又可分为如下 2 种情形。

（1）是配送人员的原因造成的损坏

首先应致歉，并主动承担责任，不要推诿。如果牵涉赔付，及时报备客服，让客服协助解决。

（2）不是配送方责任

协助商家或收件人查明具体原因，如果沟通有分歧，遭用户索赔，及时联系客服予以解决。

3.6.4.3 配送时没有联系到收货人

暂时先存放在公司的配送中心，第二次再接着派送；若连续几次都无法与收货人取得联系，则将配送物品依原路作退回处理。

3.7 客户关系维护

3.7.1 客户满意度调查

实施客户满意度调查，可以帮助企业达成以下目的。
① 发现影响客户满意度的主要因素。
② 发现提升产品或服务的机会。
③ 将其有限的资源集中到客户最看重的属性方面，维系营销资源的有效投入。
④ 预测客户未来的需求，引发新产品、新业务的开发思路。

问卷调查，是一种使用频率较高的客户满意度数据收集方式。问卷中包含很多问题，需要被调查者根据预设的表格选择该问题的相应答案。同时也允许被调查者以开放的方式回答问题，从而能够更详细地掌握他们的想法。下面是一则示例，仅供参考。

> 卷首语（略）
>
> **一、基本情况**
>
> 1. 您的年龄：_____
> 2. 您的职业：_____
> 3. 您的收入范围：_____
> 4. 您使用快递的频率：
> □一年几次 □一个月几次 □一周几次 □几乎每天都用
> 5. 您经常使用哪家或哪几家快递公司？
>
> **二、揽收环节**
>
> 1. 揽收服务 □很满意 □满意 □一般 □不满意 □很不满意
> 2. 费用公开透明 □很满意 □满意 □一般 □不满意 □很不满意
> 3. 业务水平（操作流程、业务规范等）□很满意 □满意 □一般 □不满意 □很不满意
>
> **三、投递环节**
>
> 1. 派件员服务 □很满意 □满意 □一般 □不满意 □很不满意
> 2. 送达时限 □很满意 □满意 □一般 □不满意 □很不满意
>
> **四、售后服务**
>
> 1. 查询服务 □很满意 □满意 □一般 □不满意 □很不满意
> 2. 投诉服务 □很满意 □满意 □一般 □不满意 □很不满意
> 3. 问题件处理 □很满意 □满意 □一般 □不满意 □很不满意
> 4. 发票服务 □很满意 □满意 □一般 □不满意 □很不满意
>
> **五、其他**
>
> 1. 寄快递的过程中，您觉得哪些方面需要改善？
>
> 2. 您希望公司增加哪些增值服务？
>
> 3. 您对快递服务还有什么建议？

3.7.2 客户投诉处理

3.7.2.1 明确客户投诉受理渠道

配送工作中，难免会出现客户投诉的情形。下面介绍了其中的 3 种客户投诉渠道。

(1) 电话投诉

拨打公司设置的投诉电话，客户向客服说明情况，客服会做好相应的记录，同时会反馈处理的结果。

(2) 网上投诉

登录公司网站，点击进入客服专区，再点击进入在线客服，在聊天页选择人工服务进行相关的投诉。或直接在公司网站的适当位置进行评论或留言，反映问题。这也是公司受理投诉的一个重要渠道。

客户还可以通过关注公司的微信公众账号，进入对话页面，点击打开微客服聊天界面，进行投诉。

3.7.2.2 掌握客户投诉处理技巧

（1）事先对客户的心理需求进行预测

有一部分投诉，是因为配送企业的服务失误造成的，客服应对服务环节中可能出现的问题进行预判，便于客服快速明确客户投诉的问题、产生的原因，以此提出应对策略。

（2）虚心接受，有效倾听

作为客服要专心倾听，并对客户表示理解，并做好记录。对于自己能解决的问题，应马上答复客户。对于当时无法解答的问题，要做出时间承诺。在处理过程中无论进展如何，到承诺的时间一定要给客户答复，直至问题解决。

（3）有理谦让，提供超出客户预期的处理结果

纠纷出现后，客服要以积极的态度来处理，争取圆满解决并使得处理的结果超出客户的预期。

第4章

配送人员薪酬绩效管理

4.1 配送人员薪酬管理

4.1.1 配送人员薪酬体系设计

4.1.1.1 薪酬的构成

薪酬是指员工为企业提供劳动而得到的货币和实物等报酬的总和。薪酬体系主要由外在薪酬和内在薪酬两部分构成,如图4-1所示。

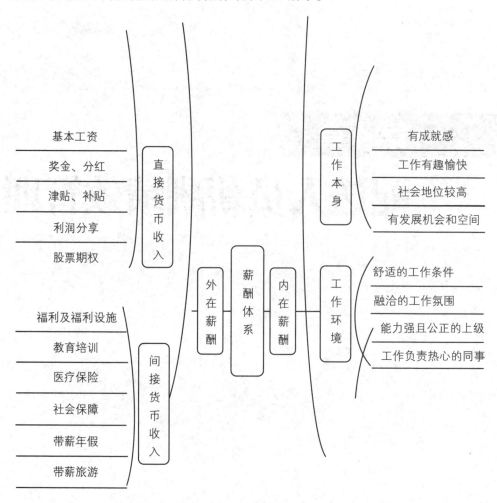

图 4-1 薪酬体系的构成

(1) 外在薪酬

外在薪酬一般是指物质回报，即员工为企业做出贡献而获得的直接或间接的货币收入，包括基本工资、奖金、津贴/补贴、保险以及其他福利等。

直接货币收入是薪酬的主要构成部分，用以维持员工的基本生活需求；而间接货币收入，用以保障和提高员工基本需求之外的较高层次的生活需要。外在薪酬的构成见表4-1。

表4-1 外在薪酬的构成

外在薪酬	内容说明
基本工资	基本工资是劳动报酬的主体，它主要是根据员工的工作性质、工作类别、工作责任大小等因素而确定的支付给员工的稳定性报酬，是按劳分配原则的重要体现
奖金	奖金是一种补充性的薪酬形式，是企业对员工的超额劳动或者增收节支给予的一种报酬形式。旨在鼓励员工提高工作效率或工作绩效，它着眼于正常劳动之外的超额劳动
津贴/补贴	津贴和补贴是指为了补偿员工特殊或额外的劳动消耗和因其他特殊原因而支付给员工的基本工资以外的报酬，例如为了保证员工工资水平不受物价影响支付给职工的物价补贴
保险	保险属于福利的一种，它是对员工长远利益的保证或者对突发事件的预防
其他福利	其他福利是指除国家法定以外的福利。如企业为员工提供的带薪旅游、培训、免费的早餐、午餐等

(2) 内在薪酬

内在薪酬一般指非物质回报，即是指由于自己努力工作而受到晋升、表扬或受到重视等，从而产生的安全感、成就感、满足感、公平感、自我实现感、尊重感等，它是受心理和社会性因素所影响的。

4.1.1.2 设计要求

在设计配送人员的薪酬体系时，需符合几点要求，薪酬体系设计要求见表4-2。

表4-2 薪酬体系设计要求

序号	要求		内容说明
1	公平性	横向公平	即企业所有员工之间的薪酬标准、尺度应该是一致的
		纵向公平	即员工过去的投入产出比和现在乃至将来都应该基本上是一致的，而且还应该是有所增长的

续表

序号	要求	内容说明
2	合法性	必须符合国家的法律法规,如最低工资标准、工作时间、加班加点工资等方面的规定
3	战略导向性	企业的薪酬设计必须从公司战略角度进行分析,有助于企业战略的达成
4	经济性	一方面要保证员工的工资具有一定的竞争性和激励性;另一方面又能够确保留有足够企业可持续发展的资金
5	激励性	不同岗位之间的薪酬水平,应在合理的基础上拉开薪酬差距,以此激励员工提高业务能力
6	外部竞争性	考虑同行整体工资水平和竞争对手的工资水平,以便吸引和保留人才
7	补偿性	保证员工的收入足以补偿其付出,包括员工恢复工作精力所必要的食住行费用和员工进一步学习、发展的投入

4.1.1.3 配送人员工作特点

近年来,随着电子商务技术的迅猛发展,人们的网购活动日益增加,催生了物流行业的发展,因此,物流配送人员的需求也随之增加。为了更好地选择合适的配送人员,则需要了解其特性,那么,物流配送工作人员有哪些特性呢?

① 以青壮年男性为主,说明物流配送行业对劳动力的要求比较高。

② 工作强度较高。平均每天工作8~12小时,并且休息时间较少。

③ 人员流动性大。过高的强度,导致很多人难以承受配送行业的辛苦,导致人员流动性很大。

4.1.1.4 配送人员薪酬影响因素

薪酬是员工因向所在的组织提供劳务而获得的各种形式的酬劳。狭义的薪酬指货币和可以转化为货币的报酬。广义的薪酬除了包括狭义的薪酬以外,还包括获得的各种非货币形式的满足。

配送人员的薪酬水平的高低受到一些因素的影响,具体内容如下。

① 劳动力市场供求状况:目前市场上配送人员是供大于求还是供不应求,严重影响着配送人员是否能满足市场需要,很大程度上影响着工资标准。

② 企业工资支付能力:一个企业经营状况的好坏,决定着员工所能获得的工资的最高标准。

③ 劳动绩效:配送人员主要是靠计件考核工资的,绩效的好坏,是工资高低的决定因素。

④ 工作区域：由于配送人员是靠计件考核，工作区域的业务量多少也影响着员工工资的高低。

4.1.1.5 配送人员的薪酬构成设计

鉴于配送人员的工作特点，其薪酬体系构成从直接薪酬、福利两个部分来设计，其中直接薪酬包括底薪、绩效工资和奖金，福利包括夜班补助、餐补、内部晋升、弹性工作制等。

（1）配送人员直接薪酬设计

a. 底薪

底薪为配送人员提供了基本的生活保证。配送人员的底薪形式一般为无责任底薪，即只要按照公司的规范开展工作就可以拿到相应的工资。

配送人员的底薪层级可按职级、资历等进行划分。其中，职级划分又可按管理晋升层级和专业发展层级两种途径划分，如表4-3所示。

表4-3 配送人员底薪职级划分表

划分标准	层级工资标准		
按管理晋升层级划分	业务员	业务主管	业务经理
	____元	____元	____元
按专业发展层级划分	初级业务员	中级业务员	高级业务员
	____元	____元	____元

b. 绩效工资

绩效工资是公司根据配送人员的业绩表现而支付的工资，它依据对配送人员的考核结果来确定，如表4-4所示。

表4-4 配送人员绩效工资发放标准

考核得分	绩效工资发放比例
考核得分＞90分	____%
75分＜考核得分≤90分	____%
60分＜考核得分≤75分	____%
考核得分≤60分	____%
注：物流配送人员的基本工资金额为____元/月	

c. 奖金

配送人员奖金根据公司年度经营情况和利润分享计划而定，其奖项主要包括优秀建议奖、创新奖、工作无差错奖等，配送公司可制定出完善的《公司奖金管理办法》，以便遵照执行。

表 4-5 是某配送企业配送人员奖励项目。

表 4-5　某配送企业配送人员奖励项目

奖项	设置说明
合理化建议奖	针对配送人员提出的利于提高配送效率、提高服务质量而设置的奖项
优秀服务标兵	用于奖励在绩效考核中，客户满意度靠前的配送人员
创新奖	用于奖励在配送过程中提出新型或合理的配送方法、方案等创新想法的配送人员
全勤奖	为提高配送人员工作积极性和工作效率而设置
综合奖	以工作中包括服务质量、配送效率、出勤率等在内的多项考核指标作为计奖条件的奖金形式
年终奖	年终奖是指每年度末企业给予配送人员的用于工作激励的不封顶的奖励

（2）配送人员福利设计

福利主要包括经济性福利和非经济性福利。配送人员的工作主要是保证配送车辆的完好、保证自身货物的安全及保证货物的及时送达。据此，可以从员工工作特点、车辆维修、人身保障等方面来设计配送人员的福利项目，以期激发员工的热情和创造力，让他们提升配送效率。表 4-6 是某配送企业员工福利项目示例。

表 4-6　某配送企业员工福利项目示例

福利类别	福利项目分类	具体福利项目
经济性福利	社会保险	养老保险、医疗保险、工伤保险等
	教育培训福利	服务技能提升培训、沟通技巧培训、岗位晋升培训等
	保险保健福利	意外伤害保险、免费体检等
	住房交通福利	住房补贴、交通补助
	其他福利	餐补、加班补助、结婚礼金等
非经济性福利	咨询性服务	免费法律咨询、免费心理咨询等
	……	……

4.1.2 配送人员薪酬等级表

对于配送人员而言，由于受到劳动强度、责任大小、劳动条件、工作绩效等的影响，配送人员的薪酬设计可采用岗位等级工资制模式下的一岗数薪的方法。

岗位等级工资制是根据工作职务或岗位对任职人员在知识、技能和体力等方面的要求及劳动环境因素来确定员工的工作报酬。它可分为2种形式：一种是一岗一薪制；另一种是一岗数薪制。岗位等级工资制的形式见表4-7。

表4-7 岗位等级工资制的形式

形式	内容介绍
一岗一薪制	一岗一薪的岗位工资制是指每一个岗位只有一个工资标准，凡在同一岗位上工作的员工都执行同一工资标准。这种工资制度只体现不同岗位之间的工资差别，不体现岗位内部的劳动差别和工资差别
一岗数薪制	一岗数薪制又称为岗位等级工资制，是指在同一个岗位内设置几个工资等级，以反映同一岗位不同等级的差别

一岗数薪制不仅体现出不同岗位之间的劳动差别，而且体现了同一岗位内部不同劳动者的劳动差别，并使之在劳动报酬上得到反映。表4-8是配送人员一岗数薪制工资表示例。

表4-8 配送人员一岗数薪制工资表示例

岗位	职等	工资等级及标准		
		1	2	3
配送经理	十	____元	____元	____元
配送主管	九	____元	____元	____元
高级配送员	八	____元	____元	____元
中级配送员	七	____元	____元	____元
初级配送员	六	____元	____元	____元

下面是某公司制定的配送人员薪酬管理办法。

配送人员薪酬管理办法

第1条 目的

为规范公司的薪酬管理，充分调动配送人员的工作积极性，特制定本办法。

第2条 适用范围

本办法适用于公司所有配送人员的薪酬管理。

第3条 配送人员薪酬构成

配送人员薪酬包括基础工资、计件考核工资、年终奖金和公司福利等。

1. 基础工资

参照当地职工平均生活水平、最低生活标准、生活费用价格指数和各类政策性补贴确定。确定新入职员工的基础工资标准为____元，有过相关工作经验的员工的基础工资标准为____元。

2. 计件考核工资

（1）底薪标准为____元。

（2）投递代收货款邮件按照____元/件计提。当日投递按照____元/件计提；次日投递按照____元/件计提；第三日投递不计提。

3. 年终奖金

根据公司年度经营情况和配送人员一年的绩效考核成绩，决定年终奖金的发放额度。

4. 公司福利

（1）社会保险及商业保险。公司按照规定办理各种社会保险，对公司工作年份较长或者能力突出者购买商业保险。

（2）带薪年假。累计工作满一年不满十年的可享受5个工作日的带薪休假，已满十年不满二十年的可享受10个工作日的带薪休假，已满二十年的可享受15个工作日的带薪休假。

（3）其他有薪休假。包括婚假、产假等。

第4条 工资发放

工资发放定为每月____日，遇节假日顺延。

第5条 附则

本管理办法所有未定事项，由公司人力资源部依照其他管理办法执行，需要时可编制新的补充规定。

4.2 配送人员绩效管理

对配送人员的绩效管理，其主要步骤分为制订绩效计划、绩效实施与管理、绩效评估、绩效反馈面谈四个环节，绩效管理体系图见图4-2。

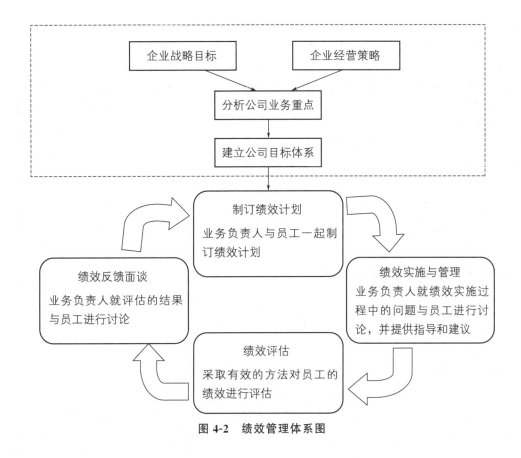

图 4-2 绩效管理体系图

4.2.1 配送人员人均单量设计

配送人员是配送企业利润的直接实现者，配送人员绩效考核的成功与否，直接影响配送人员的工作积极性，进而影响企业的配送效率和服务质量。而人均单量设计，则一定程度上影响着配送人员的配送效率，对配送人员的业绩起关键作用。

一般而言，从以下三方面进行配送人员人均单量的设计。

（1）计算客户所需商品的总件数

客服根据客户下单数量统计某段时间、某段区域客户商品总件数，包括包裹集中地区、顺路指数等数据。

（2）配送方案设计

依据配送中心到客户、客户与客户之间的距离，采用节约里程法或其他方法设计送货路径方案。

（3）设定任务

根据配送任务要求及配送人员的状况，给配送人员合理分配配送任务。

其中，对于人均单量的设计，还应考虑配送人员对路线的熟悉程度、身体状况、工作年限等因素。影响因素如表4-9所示。

表4-9 影响因素

影响因素	说明
路线熟悉度	路线越熟悉,配送所需时间越短,相应的可配送单量越多
身体状况	身体素质越好,可配送量相对较多
工作年限	工作年限越长,经验越丰富,可配送量越多
配送人数	在单量一定的情况下,配送人数越多,人均单量越少
订单量	订单量越多,人均可配送的量越多

4.2.2 配送人员配送流程优化

4.2.2.1 配送人员配送流程

对于配送人员而言，其主要有着装整理、配送工具的准备、相关资料准备、货物取送等流程。表4-10是快递配送人员的工作流程说明。

表4-10 快递配送人员的工作流程说明

步骤	具体流程	说明
上班前准备	着装整理	按公司统一标准进行着装,并保持着装整洁
	车辆检查	对车辆进行检查,保证车辆无故障及电量充足
	配送箱检查	配送箱外观整洁,内部无杂物
	手机检查	手机电量充足、话费余额充足
	腰包检查	确保腰包无破损,并带好零钱,以便代收货款时找零
人员集合		按上述要求进行相关准备之后,提前10分钟左右到达上班地点集合
取送货	取货	根据任务量及负责区域,进行取货,并准备好相关票据
	送货	根据包裹地址,确定客户地址后进行货物配送,配送途中注意交通安全

4.2.2.2 配送流程优化与绩效考核

(1) 配送流程优化

流程优化是指通过不断发展、完善、优化业务流程保持企业的竞争优势，是对现有工作流程的梳理、完善和改进的过程。对配送流程的优化，不论是对流程整体的优化还是对其中部分的改进，如减少环节、改变时序，都是以提高工作质量、提高工作效率、降低成本、降低劳动强度、节约能耗等为目的。

企业业务流程优化，是指对企业现有工作流程的梳理、完善和改进的过程，从而保持企业竞争优势的策略。在流程的设计和实施过程中，要对流程进行不断的改进，以期取得最佳的效果。

通过业务流程优化，可以提高组织运作效率，降低整体运营成本；打破部门间壁垒，增强横向协作；确保公司策略得以有效地执行，从而支撑战略的实现。同时，企业管理层能够有效地监督和控制企业的整体运作。

业务流程优化原则与产出如图 4-3 所示。

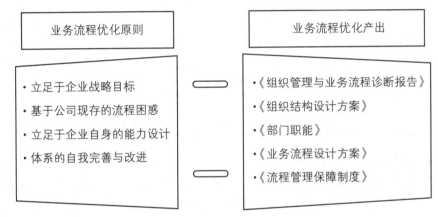

图 4-3　业务流程优化原则与产出

a. 业务流程优化思路

业务流程优化具体思路，如图 4-4 所示。

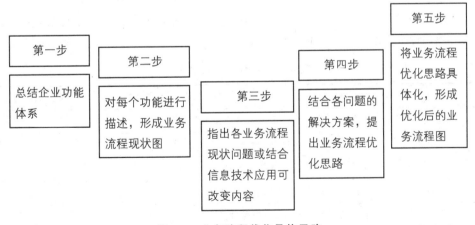

图 4-4　业务流程优化具体思路

b. 业务流程优化方法

企业业务流程优化,具体可以通过业务流程现状调研、业务流程管理诊断和业务流程优化执行3方面来进行,如表4-11所示。

表4-11　业务流程优化方法

序号	优化方法	具体内容说明
1	业务流程现状调研	①成立业务流程优化小组,对企业业务流程现状进行调研和分析,并编制形成调研报告 ②调研过程包括深入了解企业盈利模式和管理体系、企业战略目标、国内外先进企业的成功经验、企业现存问题以及信息技术应用现状
2	业务流程管理诊断	①业务流程优化小组与企业各级员工对调研报告内容进行协商并修正 ②针对管理再造需求深入分析和研究,并提出对各类问题的解决方案,最终编制形成企业业务流程诊断报告
3	业务流程优化执行	业务流程优化小组与企业管理层对业务流程诊断报告的内容进行协商并修正,并将各种解决方案进行细化,全面开展优化工作

(2) 流程优化与绩效考核

对于绩效考核而言,业务流程优化有助于帮助配送人员识别流程成功的关键因素,形成更符合配送人员考核的业绩指标;也有利于管理者制定更适合于配送人员的业绩指标、统计、评估、反馈的方法与制度。

流程优化对企业的作用是不言而喻的,那么,如何评价流程优化的效果呢?下面提供了可行的建议。

从实际运行使用效果来看,考察优化后流程运用的5个方面,分别是客户满意度、配送周期、人力资源利用、成本、流程管理,可对优化后的流程做出综合的评价,流程优化效果评价见表4-12。

表4-12　流程优化效果评价

角度	内容说明
客户满意度	客户对流程优化后的满意程度如何
配送周期	在进行流程优化后,配送周期是否符合客户的需要
人力资源利用	是否充分利用现有的人力资源条件
成本	减少了多少成本,增加了多少收入
流程管理	与流程目标相比,流程管理的有效性怎么样

4.2.3 配送人员绩效目标设计

绩效目标包括目的和责任两部分内容,是为企业人力资源管理部门及考核对象提供绩效考核所需的绩效评价标准,目的是保证绩效考核结果的公正性。绩效目标是企业对员工实施绩效管理的基础。

一般来讲,员工的绩效目标主要来源于 4 个方面,见图 4-5。

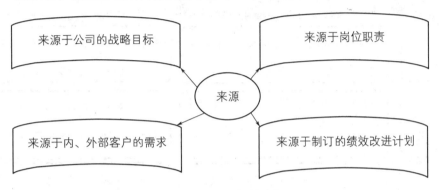

图 4-5 绩效目标的来源

总之,企业在设定绩效目标时,应将上述来源综合考虑,以制定出符合实际的绩效目标。

一般而言,考核目标可分为定量(量化)目标和定性(非量化)目标两类。

4.2.3.1 量化目标设定

可衡量的目标能便于企业管理者提供判断绩效的标准。因此,企业需要对目标进行量化设计,如公司产品的市场份额达到____%、客户保有率不低于____%、将成本控制在____%～____%、提高客户响应速度,争取将回应时间控制在____分钟以内等。

概括起来,企业量化目标的设计可从收入、利润、成本费用、时间,以及相关管理的事项目标进行设计。具体内容如下。

(1) 目标量化维度

人力资源管理人员对目标可以从结果和行动 2 个维度对其进行量化。2 个维度的具体说明如下所示。

① 结果:实现这样的目标,最终期望的结果会是什么?
② 行动:完成这样的结果,需要采取哪些行动才能行?

各绩效目标量化可针对具体情况,采取只分析结果,或者只分析行动的方式进行设计,或者两者一起考虑,这主要是看企业的导向,是重行为还是重结果,还是两者并重。

（2）目标量化方法

由于目标量化必须有量化方法，人力资源管理人员可以采用数量量化、时间量化、质量量化和成本量化等方法来对目标进行量化。目标量化方法说明和举例如图4-6所示。

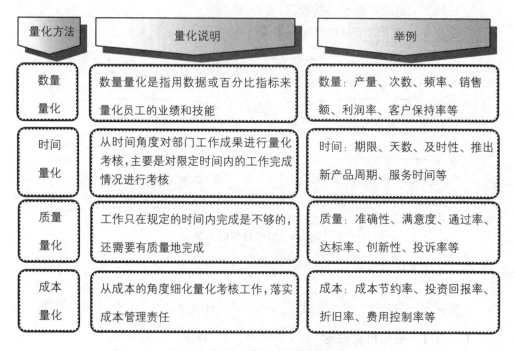

图4-6 目标量化方法说明和举例

（3）目标量化要求

目标量化需要遵循量化、细化、流程化的要求进行，其基本要求为：能量化的尽量量化；不能量化的尽量细化；不能细化的尽量流程化。目标量化要求如表4-13所示。

表4-13 目标量化要求

要求	具体说明
能量化的尽量量化	首先检查哪些工作可以量化，很多工作目标都可以量化,这时直接量化即可。 对于比较笼统,很难直观衡量的工作,可以通过目标转化的方式来实现量化,转化的方法就是数量、质量、成本、时间等量化方法,通过目标的转化,从而实现目标量化

续表

要求	具体说明
不能量化的尽量细化	对于工作比较繁杂琐碎，无法确定其核心工作是什么，不好量化，而且量化了也不一定做到全面、客观的，这种情况，我们可以采取目标细化的方式进行量化。 具体操作方法：先对所有工作事项进行盘点，找出关键事项，然后运用合适的指标进行量化，这样，经过细化的指标就基本上能够涵盖其主要工作
不能细化的尽量流程化	很多岗位，工作比较单一，往往一项工作做到底，这种工作用量化、细化都无法准确衡量其价值。 针对这种工作，可以采用流程化的方式，把其工作按照流程分类，从中寻找出可以考核的流程，然后针对每个流程，再从多个维度来衡量

（4）目标量化原则——SMART原则

SMART原则是目标量化的最根本原则，也是检查目标的原则。人力资源管理人员需要按照SMART原则对绩效目标量化进行设计和检查。SMART是由五个英文字母的缩写构成，S（Specific）：明确的；M（Measurable）：可衡量的；A（Achievable）：可达到的；R（Relevant）：关联的；T（Time-bound）：有时间表的。

4.2.3.2 定性目标设定

定性指标是指无法直接通过数据计算分析评价内容，需对评价对象进行客观描述和分析来反映评价结果的指标。如"考核期内，进一步完善各项管理制度""提高企业知名度"等。

对于定性指标，其目标值具有模糊和非定量化的特点，要使得定性指标能够比较精确地进行考核，就必须尽量避免陷入定性目标的设定误区，定性目标的设定误区如表4-14所示。

表4-14 定性目标的设定误区

设定误区	误区说明	解决办法示例
定性目标只能定性，无法进行考核	定性目标虽然无法直接量化，但是可以转换成其他指标来评定	"提高企业知名度"这一目标，可以用"网站访问量"这一指标进行衡量
定性指标无法制定出来	企业中，个别岗位的工作内容无法用量化指标进行考核，也无法用定性考核指标制定出具体的考核目标及考核标准	针对"前台"这一岗位，他的工作内容通常为"接待客人、接电话、收发文件等"，考核人员不能设定定性目标为"如何热情接待客户""怎样收发文件"等

为了保证考核人员能够设定出合理的定性指标及考核标准，企业可以进行如下操作：首先，将定性指标进一步细化为多个可考核的方面，即考核维度；其次，针对每一个可考核维度，尽量用数据和事实来制定明确和具体的考核标准。具体说明可参照表 4-15 所示的方法进行。

表 4-15　定性指标考核标准制定的方法

设定方法	具体说明
等级描述法	◆等级描述法是对工作成果或工作履行情况进行分级，并对各级别用数据或事实进行具体和清晰的界定，据此对考核对象的实际工作完成情况进行评价的方法 ◆例如，对文案人员的考核的合格标准为"××的编写基本符合公司规定的要求；内容比较全面和规范；经过 2 次以内的修改，最终获得公司领导的认可；____分"；良好标准为"××编写完全符合公司制度编写的要求；内容严谨细致、规范合理，可操作性强，无修改；____分"
预期描述法	◆预期描述法是指考核人员与考核对象就工作要达到的预期标准进行界定，然后将考核对象的实际完成情况同预期标准进行比较，来评价考核对象业绩的方法 ◆例如，如对"公司规章制度实施效果"进行评价，可进行如下设计"低于预期效果，____分以下；达到预期效果，____分～____分；高出预期效果，____分～____分"
关键事件法	◆关键事件法是针对工作中的关键事件，制定相应的扣分和加分标准，来对被考核者的业绩进行评价的方法 ◆例如对"安全管理工作"进行评价，可进行如下设计"每出现一次一般安全事故，扣____分；出现一次重大安全事故，扣____分；满分 100 分，扣完为止"

除了选择合适定性目标设定方法，考核人员还需坚持表 4-16 所示的定性目标设定原则，以保证定性目标设定的合理性。

表 4-16　定性目标的设定原则

设定原则	具体说明
分类考核原则	◆在设定定性目标时，人力资源部应针对具体部门、具体岗位，设定具体的定性考核目标及考核标准，避免企业定性考核目标的同一化
分类设定考核量表原则	◆根据企业、部门及工作岗位的工作业务性质和特点等制定考核量表，避免使用统一的考核项目、考核要素和指标权重
选定比较对象原则	◆对定性目标进行考核时，考核人员应用考核结果和事先设定的目标进行比较并进行奖惩，而不是进行员工之间的比较

4.2.3.3　配送人员绩效目标计划表

表 4-17 是针对配送人员设计的一份绩效目标计划表。

表 4-17 绩效目标计划表

部门			岗位	配送岗	姓名	
目标项目	绩效标准	权重	工作进度	考核期限	完成时间	
配送量	达____件					
客户满意度	不低于____%					
配送准确率	100%					
信息反馈及时率	100%					
代收款准确率	目标值为 100%					
自我评价： （如绩效差距及培训需求说明）				领导评价：		

4.2.4 配送人员绩效考核设计

员工考核体系的建立和完善，有利于推动企业人力资源的开发、积累、利用和管理，最大限度地开发员工的潜质。

4.2.4.1 员工考核评估内容

员工考核评估大体上可以分为业绩考核、能力考核、态度考核三方面的内容，如图 4-7 所示。

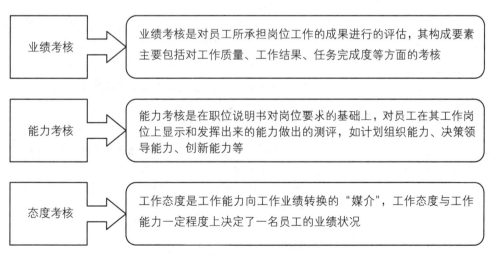

业绩考核 → 业绩考核是对员工所承担岗位工作的成果进行的评估，其构成要素主要包括对工作质量、工作结果、任务完成度等方面的考核

能力考核 → 能力考核是在职位说明书对岗位要求的基础上，对员工在其工作岗位上显示和发挥出来的能力做出的测评，如计划组织能力、决策领导能力、创新能力等

态度考核 → 工作态度是工作能力向工作业绩转换的"媒介"，工作态度与工作能力一定程度上决定了一名员工的业绩状况

图 4-7 绩效考核的内容

4.2.4.2 实施原则

对配送人员实施绩效考核，需遵循一些原则，绩效考核实施原则见图4-8。

客观与公正原则	对员工进行考核时应坚持实事求是、具体问题具体分析的原则，应避免主观臆断和带有个人感情色彩。另外，对同一部门、同一岗位的员工，考核标准应保持一致
程序化与制度化原则	绩效考核既是对员工能力、工作结果、工作行为与工作态度等多方面的评价，也是对他们未来行为表现的一种预测。它是一种连续性的管理过程，绩效考核的程序化、制度化有利于企业了解员工的潜能，及时发现组织中存在的问题，从而有利于组织绩效的提升
反馈与修正原则	在绩效考核之后，各级部门主管应及时与被考核者进行沟通，把考核结果反馈给被考核者，并向被考核者就考核结果进行解释、说明，肯定其成绩和进步，说明其存在的不足，并为被考核者提供其今后努力方向的参考意见。同时各级主管也应该认真听取被考核者的意见，采纳被考核者的合理建议，以便更好地完善绩效管理工作
可靠性与准确性原则	绩效管理的可靠性与准确性是指绩效考核标准具有可靠性，绩效考核结果富有准确性

图4-8 绩效考核实施原则

4.2.4.3 制定绩效考评标准

绩效考核标准必须得到考核者和被考核者的共同认可，标准必须准确化、具体化。为此，在制定员工绩效考核标准时，相关人员必须注意如图4-9所示的两方面内容。

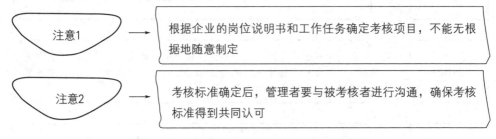

图4-9 制定员工绩效考核标准的注意事项

4.2.4.4 明确考核评价依据

考核依据是考核者对照考核标准进行评价时使用的参考依据。员工工作业绩、工作能力、工作态度的考核依据如图4-10所示。

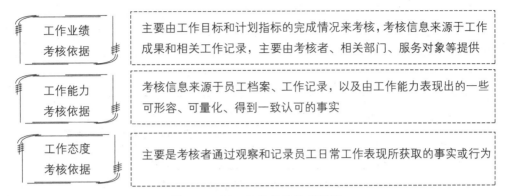

图 4-10　员工绩效考核依据说明

4.2.4.5　配送人员绩效考核评估方法

根据配送人员工作职责、工作特点、工作性质等的不同，其考核方法与其他类型人员的考核存在明确不同。表 4-18 为配送人员与技术人员、管理人员考核方法及其相关说明。

表 4-18　配送人员考核方法与相关说明

人员类别	工作特点	考核难点	考核方法
配送人员	从事产品揽收、配送等工作的人员，对岗位专业化技能要求较高，工作内容重复性强，创造性少	◆指标设计可能存在不够全面、科学等问题，导致顾此失彼，如盲目追求送货速度而忽视送货安全、客户满意度等	◆结果考核为主，行为考核为辅 ◆外部评价为主，内部评价为辅
技术人员	承担技术研发、设计等工作的岗位，对产品设计、技术研发、技术改进等工作承担责任，其工作内容具有一定技术含量	◆结果难以衡量、监控，团队绩效难以过渡到个人绩效 ◆技术部门、小组和人员的考核指标紧密联系，指标设计不当容易互相矛盾、抵触	◆考核必须紧密结合企业战略 ◆自上而下分解考核指标，形成系统的指标体系 ◆平衡长期性与短期性指标、业绩指标与行为指标
管理人员	主要承担计划、组织、领导、控制职责，从事规划、策划、决策等工作	◆某些成果具有后显效应，量化难度大、成本高	◆综合管理人员考核4大要素(德、能、勤、绩)，并有效运用指标量化方法，实现定性、定量考核相结合

依据表 4-18 的描述，配送企业在对配送人员进行考核时，可以选择如下几种考核方法。

(1) MBO 考核法

MBO 考核法，即目标管理考核法，即按一定的指标或评价标准来衡量员工完成既定目标和执行工作标准的情况，根据衡量结果给予相应的奖励。它是在整个组织实行"目标管理"的制度下，对员工进行考核的方法。目标管理考核法操作流程图如图 4-11 所示。

图 4-11　目标管理考核法操作流程图

a. 建立工作目标计划表

员工工作目标列表的编制由员工和上级主管共同完成。目标的实现者同时也是目标的制定者，这样有利于目标的实现。工作目标列表的建立一般遵循一些步骤，工作目标列表的编制见图 4-12。

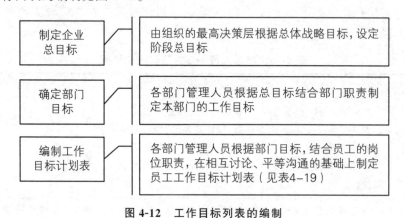

图 4-12　工作目标列表的编制

表 4-19　员工工作目标计划表示例

姓名		工作岗位	
单位名称		部门名称	
考核期			
工作目标计划			
序号	工作计划内容	工作目标	备注
1			
2			

续表

序号	工作计划内容	工作目标	备注
3			
被考核者签名		部门负责人签名	

b. 明确业绩衡量标准

一旦确定某项目标被用于绩效考核工作中，必须收集相关的数据，明确如何以该目标衡量业绩，并建立相关的检查和平衡机制。明确业绩衡量标准时，应该遵循一些要求，业绩衡量标准设定要求见图4-13。

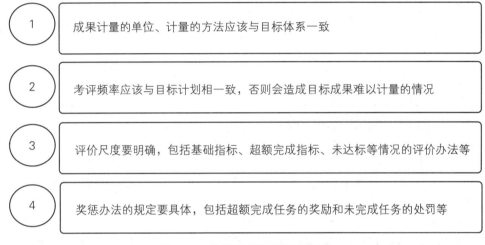

图4-13　业绩衡量标准设定要求

c. 实施业绩评价

在给定时间期末，将员工业绩与目标相比较，从而评价业绩，识别培训需要，评价组织战略成功性，或提出下一时期的目标。

d. 检查调整

通过业绩评价，员工找出了自己实际工作业绩与预定目标之间的距离，接着就必须分析造成这些差距的原因，并且通过调整自己的工作方法等手段，致力于缩小乃至消除上述差距，努力达到自己的目标。

（2）KPI考核法

KPI考核法即根据宏观的战略目标，经过层层分解之后提出的具有可操作性的战术目标，并将其转化为若干个考核指标，然后借用这些指标，从多个维度，对组织或员工个人的绩效进行考核的一种方法。

关键绩效指标是用来衡量被考核者工作绩效表现的具体量化指标，它来自对企业总体战略目标的分解，反映最能有效影响企业价值创造的关键驱动因素。企业对各岗位设计的关键绩效指标需符合 SMART 原则，关键绩效指标确立的 SMART 原则见表 4-20。

表 4-20　关键绩效指标确立的 SMART 原则

SMART 原则	内容说明
Specific，明确的、具体的	即指绩效指标要切中特定的工作目标，不是笼统的
Measurable，可度量的	即指绩效指标或者是数量化的，或者是行为化的，同时需验证这些绩效指标的数据或信息是可以获得的
Attainable，可实现的	即指绩效指标在付出努力的情况下可以实现，主要是为了避免设立过高或过低的目标，从而失去了设立该考核指标的意义
Realistic，现实的	即指绩效指标是实实在在的，可以通过证明和观察得到，而并非假设的
Time-bound，有时限的	即指在绩效指标中要使用一定的时间单位，即设定完成这些绩效指标的期限，这也是关注效率的一种表现

为了更清晰地对 SMART 原则进行说明，图 4-14 列举了一个实例对此加以分析。

目标的设定　　　　　　　　　　　　　　SMART原则判断

完成对技术人员操作技能的培训并取得较好的效果　　　　工作目标明确、考核指标不可度量、无明确的完成时限

完成对技术人员操作技能的培训，达到85%的参训人员培训考核成绩在80分以上　　　　工作目标明确、考核指标可度量、无明确的完成时限

7月15日前完成对技术人员操作技能的培训，达到85%的参训人员培训考核成绩在80分以上　　　　工作目标明确、考核指标可度量、有明确的完成时限

图 4-14　关键绩效指标设置实例

在设定关键绩效指标和标准后，还应该对关键指标进行审核，以确认这些指标能否全面、客观地反映被考核者的工作绩效。关键绩效指标审核要点主要有 6 点，关键绩效指标审核要点如图 4-15 所示。

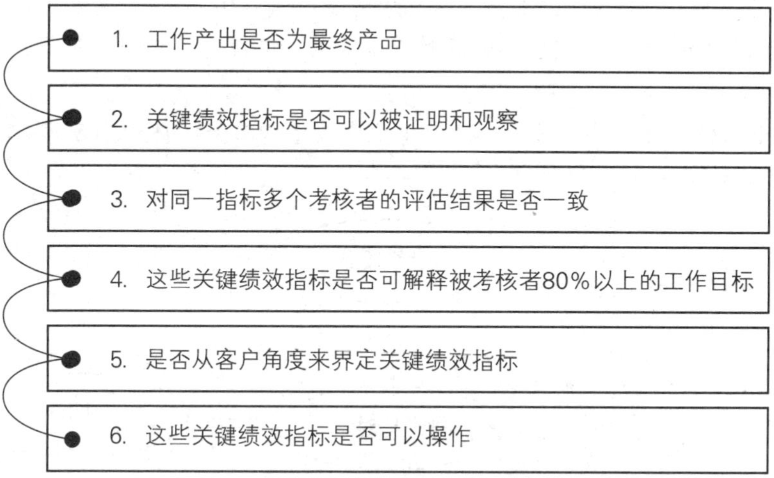

- 1. 工作产出是否为最终产品
- 2. 关键绩效指标是否可以被证明和观察
- 3. 对同一指标多个考核者的评估结果是否一致
- 4. 这些关键绩效指标是否可解释被考核者80%以上的工作目标
- 5. 是否从客户角度来界定关键绩效指标
- 6. 这些关键绩效指标是否可以操作

图 4-15　关键绩效指标审核要点

表 4-21 提供了一份××公司关键绩效考核法在配送人员考核中的应用。

表 4-21　××公司关键绩效指标考核法在采购专员考核中的应用

被考核者	配送人员		所属部门	采购部	
工作岗位			岗位级别		
考核周期	20___年___月___日～20___年___月___日				
序号	KPI 指标	权重	评分标准		得分
1	准时配送率	15%	目标值：___%；每降低___个百分点，减___分		
2	配送任务完成率	30%	目标值：___%；每降低___个百分点，减___分		
3	配送货损率	20%	目标值：___%；每高出___个百分点，减___分		
4	配送差错率	20%	目标值：___%；每高出___个百分点，减___分		
5	客户投诉次数	15%	每出现 1 次客户投诉，减___分		
考核得分合计					
直接上级评定：			间接上级评定：		

（3）360 度考核法

360 度考核法又称为全方位考核法，它是指从与被考核者发生工作关系的多方主体那里获得被考核者的信息，并以此对被考核者进行全方位、多维度的绩效评估的过程。

这些信息的来源包括：来自上级监督者的自上而下的反馈（上级）；来自下属

的自下而上的反馈（下属）；来自平级同事的反馈（同事）；来自企业内部的协作部门和供应部门的反馈；来自公司内部和外部的客户的反馈（被服务对象）以及来自本人的反馈。

360度考核法强调从与被考核者发生工作关系的多方主体那里获得被考核者的信息，如图4-16和表4-22所示。

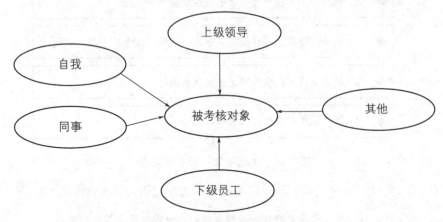

图4-16　360度考核法示意图

表4-22　考核主体说明

考核主体	内容说明
上级考评	上级考评的实施者一般为被考评者的直接上级。直接主管领导是绩效考核中最主要的考评者
同级考评	一般为与被考评者工作联系较为密切的人，他们对被考评者的工作技能、工作态度及工作绩效较为熟悉
下级考评	管理者的下属与管理人员直接接触，是管理人员管理能力、执行能力以及领导力的评判者。通过下级考评，可以直接反映出领导者在管理方面的一些问题。此外，下级对上级进行考评还有利于企业民主作风的培养和企业员工凝聚力的提高
自我考评	自我考评是被考评者本人对自己的工作表现进行评价的一种活动。它一方面有助于员工提高自我意识，使员工更好地认识到自己的优点和缺点；另一方面，员工自我考评，也是对绩效考核工作的配合和支持
其他	客户考评、供应商考评是考评的其他方式。较常见的如客户考评，它对从事客户服务的人员考评非常重要

360度考核的重要工具之一是调查问卷。调查问卷的设计关系到绩效考评的效果和效度。因此，设计好调查问卷是设计阶段一项很重要的工作。下面是2则示例。

a. 360度考核表——同级考核

同级考核的实施者一般为与被考核者工作联系较为紧密的人员,他们对被考核者的工作情况较为熟悉,对此,考核样表一见表 4-23。

表 4-23　考核样表一（适用于同级考核时使用）

被考核者姓名		岗位	
考核期间	___年___月___日～___年___月___日		
1. 考核期间,被考核者工作中最主要的成绩有哪些?			
2. 您认为被考核者的优点有哪些?			
3. 您认为被考核者在工作中有哪些不足之处?			
4. 您对被考核者的总体评价如何?			

b. 360 度考核表——客户考核

与客户接触较多的岗位,可让客户作为考核者参与到考核工作中来,考核样表二如表 4-24 所示。

表 4-24　考核样表二（适用于客户对人员考核时使用）

被考核人姓名		所属部门	配送部
考核人	服务对象	考核时间	
考核项目	考核内容	权重(%)	得分
仪容仪表	1. 仪表端庄、精神饱满	—	
	2. 举止优雅、注意个人仪态	—	
	3. 注意个人卫生,并保持必要修饰	—	
礼节礼貌	1. 注意礼貌,工作状态好	—	
	2. 能够主动与客户问候,并使用文明用语	—	
工作技能	1. 工作积极主动,服务意识强	—	
	2. 对快件收发的知识很清楚,能够针对相关问题作出合理解释	—	
本次考核得分总计			
被考核人签字		日期	
考核人签字		日期	

4.2.4.6 设计绩效考核表

考核表是进行绩效测量评定的工具,为确保其科学、适用、完善性,需在使用中对其各项评价指标不断进行检验和提高。具体来说,可从如图 4-17 所示的三方面对考核表进行评定。

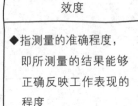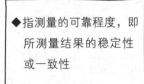

图 4-17 考核表评定要项

绩效考核指标及评价信息是绩效考核表的主体,下面便对这一内容予以详细说明。

指标及评价信息指标及评价信息一般由指标类别、考核指标、分值/权重、指标定义/计算公式、目标值、评分标准、信息来源及评价结果等八个要素组成,指标及评价信息示例如表 4-25 所示。下面对前六个要素进行重点说明。

表 4-25 指标及评价信息示例

指标类别	考核指标	分值/权重	指标定义/计算公式	目标值	评分标准	信息来源	评价结果
业务类	销售额达成率	—	销售额达成率=实际销售额/计划销售额×100%	100%	每高出目标值____%,减____分;每低于目标值____%,减____分	销售部 财务部	—

(1) 指标类别

指标类别用于指明工作评价的方向,对指标的性质进行类别区分,在同一类别下可以有多个指标项目。如一般绩效考核中的指标类别可区分为"业务类""管理类""能力类"3 大类,图 4-18 对三大指标类别进行说明。

(2) 考核指标

明确指出特定岗位需要考核的要点,是指标类别的细分化及具体化。一般而言,考核表的指标项不易轻易变动,但目标值需根据工作开展的实际情况进行实施修订,以确保考核的针对性及有效性。

(3) 分值/权重

分值/权重用于区分各指标项的权重,一般而言各个指标项的标准分值之和为

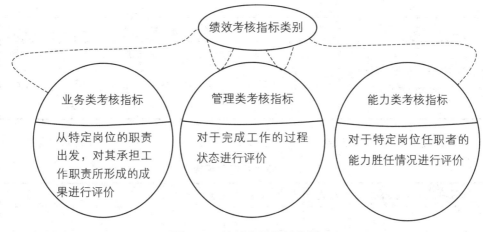

图 4-18 绩效考核指标类别

100 分，权重之和为 100%。

(4) 指标定义/计算公式

指标定义/计算公式是具体描述某个既定的指标项的含义，给出评价该指标的具体方法。一般定量评价的指标项必须给出指标的计算公式，而定性评价的指标也需要对该指标的具体内容进行描述，以给考核实施人提供明确的考核方法指引。

(5) 目标值

目标值指某个具体指标需要达成的数值，用于给出衡量既定指标的基准。

(6) 评分标准

评分标准与标准值直接联系在一起，用于给出是否达成或达成情况的直接评价，是具体计分方法。

关于考核指标的评分标准，其设计方法有多种，表 4-26 介绍了其中的 3 种。

表 4-26 考核指标评分标准设计

方法	内容介绍
比值法——将完成值和目标值直接比较	①具体操作如下：指标绩效分值＝(指标完成值/指标目标值)×100 ②示例：目标销售额为 10 万元，实际完成的销售额为 1 万，依照上述算法，该项考核得分为 10 分
加减分法——根据完成情况进行加减分的操作	①对于趋高好的指标，如利润、收入等 将指标完成情况与目标值相比较，每增加____个单位，加____分；每减少____个单位，减____分 ②对于趋低好的指标，如费用、核心员工流失率等 将指标完成情况与目标值相比较，每减少____个单位，加____分；每高出____个单位，减____分

续表

方法	内容介绍
区间法——根据目标值设计区间范围	①设计完成值的上线限,例如"差错发生次数",___次以下,___分;___次以上,0分 ②设计上下限的区间值,仍以"差错发生次数"这一指标为例,3次以内,___分;4～6次,___分;7次及以上,___分

绩效考核表的样式是很灵活的,表 4-27 和表 4-28 另外提供了 2 种形式。

表 4-27 绩效考核表模板（一）

考核项目	考核指标	权重	指标说明及考核标准	得分

表 4-28 绩效考核表模板（二）

考核指标	目标值			分值	考核得分	数据来源	考核周期
	最高目标	考核目标	最低目标				

4.2.4.7 绩效信息收集

在绩效实施与管理阶段,进行绩效信息的收集可以为绩效考核提供事实依据、便于找出员工绩效中存在的问题、为改进绩效提供有力依据等作用。

(1) 绩效信息收集内容

在绩效信息收集中,不可能将所有员工的绩效表现都记录下来,必须有选择地进行信息收集。通常情况下绩效信息收集的内容主要有 4 方面,如图 4-19 所示。

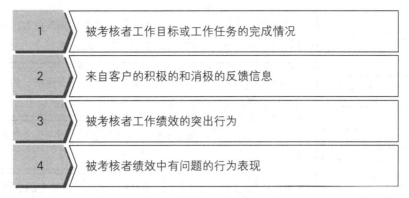

图 4-19 绩效信息收集内容

(2) 绩效信息收集方法

绩效信息收集方法包括生产记录法、定期抽查法、项目评定法、关键事件法、减分搜集法、他人反馈法等，如表 4-29 所示。

表 4-29 主要的绩效信息收集方法

收集方法	具体内容
生产记录法	按规定填写生产、加工、销售、运输、服务的数量、质量、成本等原始记录
定期抽查法	定期抽查生产、加工、服务质量，用以评价被考核者的表现
项目评定法	采取问卷调查的形式对被考核者的表现进行逐项评定
关键事件法	对被考核者工作中特别突出或异常失误的情况进行记录
减分搜集法	按照被考核者职位要求制定违反规定的扣分方法，定期进行考察和登记
他人反馈法	通过他人的工作情况汇报和反映，了解被考核者的工作情况

(3) 绩效信息收集注意事项

为确保绩效信息搜集的真实性、准确性，企业相关工作人员在搜集绩效信息时，应注意一些事项，如图 4-20 所示。

4.2.4.8 开展考核者培训

一般情况下，企业会在考核前对考核者进行专门的培训。考核者培训的目的主要包括 4 个方面，考核者培训的目的如图 4-21 所示。

企业对考核者的培训主要围绕一些内容展开，考核者培训的内容如表 4-30 所示。

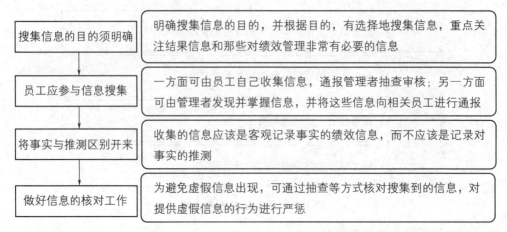

图 4-20 绩效信息收集内容

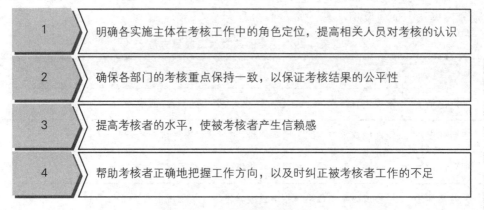

图 4-21 考核者培训的目的

表 4-30 考核者培训的内容

培训项目	主要培训内容说明
讲解企业人事制度	对企业整个人事制度的结构和内容作出说明，对人事制度的运行状况以及未来发展方向和模式作出阐述
讲解考核所需基本知识	包括：如何确定考核项目、如何制定考核标准、如何设计考核量表、如何选择考核方法、如何处理考核实施过程中的问题
分析考核可能存在的误区	分析光环效应、首因错误等误区，并尽量避免这些错误，从而使考核者做出正确的评价

为保证培训效果，在考核者培训过程中，也应注意以下关键事项。

① 确保培训人员数量适中，以避免因人数过多导致培训人员参与意识减弱，或因人数过少导致人均培训成本过高。

② 设定合理的培训时间，以避免因培训时间过短导致培训人员学习、交流时间不足，或因培训时间过长导致培训费用支出过高。

③ 选择适当的培训方式，尽量将课堂讲授法、多媒体教学法、案例分析法等有机结合，规避单一培训方式的不利影响。

4.2.5 配送人员绩效考核方案

下面是××公司配送人员绩效考核方案。

方案名称	××公司配送人员绩效考核方案	执行部门
		版本

一、目的

为了对配送中心所有人员的工作做出科学合理的评价，鼓励先进，激励后进，实现配送中心整体绩效的提升，特制定本方案。

二、适用范围

1. 本方案适用于配送中心工作人员绩效考评工作。

2. 例外人员。

(1) 考核期开始后进入公司的员工。

(2) 因私、因病、因伤等连续缺勤＿＿日以上者。

(3) 因公伤而连续缺勤＿＿日以上者。

(4) 已离职者。

三、配送人员绩效考核的组织管理

将配送中心的绩效考核工作纳入人力资源部的整体绩效考核体系之中，由人力资源部负责组织实施。具体考核结果由配送中心配合人力资源部完成后由人力资源部存档，考核结果只对考核对象本人公开。

四、考核时间

配送人员每月进行一次绩效考核，每月绩效考核时间为下月的第一个完整工作周，但最晚不超过每月 10 日前。

五、绩效考核程序

(一) 准备阶段

1. 确定考核主体。

(1) 一般考核主体包括上级部门、主管领导、同级员工、下级员工、专家与被考核人。

(2) 当同级员工和下级员工作为考核主体时，要确保人数在＿＿人以上，以保证考核结果的真实性。

2. 确定考核时机。

为了保证考核结果的准确性，对考核时机的选择尤为重要。选择考核时机要参考以下 3 个方面的因素，具体如下图所示。

续表

◎避免选择工作繁忙时考核

◎考核时间不宜过长,应快速完成考核相关内容

◎接近年底,年终评比、成果鉴定、各项激励应结合在同一时期进行考核

考核时机的选择影响因素

3. 确定考核内容。

配送人员考核内容分为配送前考核、配送中考核和配送后考核等 3 部分,各考核内容中的绩效评估指标见下表。

配送人员考核内容及考核指标

考核内容	权重		评估指标
配送前	30%	30%	分拣准确率
		30%	紧急订单响应率
		40%	按时发货率
配送中	50%	25%	配送延误率
		20%	货物破损率
		20%	货物差错率
		20%	货物丢失率
		15%	签收单返回率
配送后	20%	30%	通知及时率
		30%	投诉处理率
		40%	客户满意度

4. 确定考核周期。

对配送人员的考核周期采用月度考核与年度考核。

(1) 月度考核结果决定配送人员当月绩效评估得分,并作为绩效工资发放标准。

续表

(2) 年度考核将配送人员当年各月考核评估得分进行汇总，并按照年考核次数得出年平均考核得分，结合部门主管的意见，最终作为年终奖的发放依据。

（二）实施阶段

1. 绩效考核说明。

配送中心主管在进入考核周期前与配送人员进行绩效考核沟通，明确考核目标与考核标准。

2. 绩效考核指导。

在考核周期内配送中心主管要对被考核的配送人员进行绩效指导，以帮助其随时保持正确的工作方法，最终保证绩效考核目标的顺利达成。

3. 自我绩效评价。

配送中心主管在考核周期结束前，向被考核配送人员下发考核表，指导其对照绩效目标进行自我绩效评价。

4. 部门主管考核。

被考核配送人员完成自我绩效评价后上交考核表，由配送中心主管对照绩效目标进行考评，其结果按照得分划分为如下表所示的五个等级。

评分等级表

考核标准	突出	优秀	良好	合格	未达标
绩效评估得分	95 分及以上	85～94 分	75～84 分	60～74 分	60 分以下
绩效评分等级	A	B	C	D	E

（三）反馈阶段

1. 绩效工资的发放。

根据当月被考核配送人员的绩效评估得分、等级确定绩效工资发放比例，发放标准如下表所示。

绩效工资发放比例

绩效评分等级	A	B	C	D	E
绩效工资发放比例	120%	100%	80%	60%	无

2. 年终奖金发放。

年度考核将配送人员当年各月考核评估得分进行汇总，并按照年考核次数得出年平均考核得分，按其分数进行年终奖金发放。具体发放标准如下表所示。

年终奖金发放标准

年终绩效评分等级	A	B	C	D	E
年终奖金发放金额	___元	___元	___元	___元	___元

3. 员工培训。

(1) 公司可根据配送人员年度考核情况，对考核等级为 A 级和 B 级的员工，公司可安排其带薪培训。

(2) 考核等级为 C 级和 D 级的员工可以申请相关培训，经部门主管与人力资源部批准后方可参加。

(3) 考核等级为 E 级的员工则必须参加由公司安排的适职培训，考试合格后方可重新上岗。

4.2.6 配送人员绩效面谈与改进

4.2.6.1 绩效面谈的目的

绩效面谈是员工绩效管理工作中不可忽略的一环,这一环节的目的在于4个方面,绩效面谈的目的见图4-22。

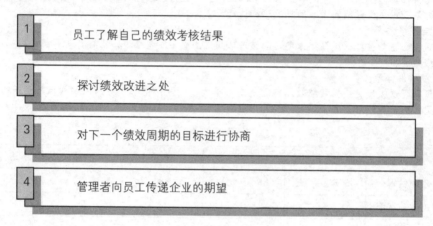

图 4-22 绩效面谈的目的

4.2.6.2 绩效面谈的准备

一个成功的绩效面谈来自于事前双方的精心准备。绩效面谈需要由主管人员和员工共同完成,不仅需要主管人员做好准备,而且还需要员工做好相应的准备工作。

(1) 主管人员的准备

a. 收集并准备面谈资料

主管人员在与被考核者进行面谈时,需要准备以下资料。

① 绩效计划。绩效计划是绩效面谈的依据,也是绩效面谈的主要内容,主管人员所罗列的事实必须来自绩效计划。

② 岗位说明书。岗位说明书中明确规定了岗位的职责和工作目标,也是绩效考核时的重要凭据。在绩效面谈时,主管人员要认真阅读被考核者的岗位说明书,做到面谈时有理有据。

③ 绩效评估表。绩效评估表中明确记载了被考核者的绩效完成情况及等级,通过了解被考核者的绩效情况,主管人员才能想出以什么样的语言、什么样的方式与被考核者进行面谈。

④ 被考核者的工作记录。被考核者的工作记录是考评结果的依据之一,主管只有充分了解员工的工作情况,才能理解得到这种绩效结果的原因,在双方对绩效

考评结果确认时才能更加言之有据。

b. 拟定面谈计划

面谈计划主要是对面谈内容、地点、时间和人员做出相应的安排。

① 面谈内容分析。绩效面谈的内容如图 4-23 所示。

绩效面谈的内容

1. 主管人员首先向员工说明面谈的目的和程序
2. 员工对照最初制订的工作计划目标，简要汇报上一阶段的工作
3. 主管人员根据员工绩效考核的结果做出分析
4. 双方商讨员工绩效中尚需改进的地方
5. 制订下一阶段的行动计划
6. 面谈信息确认、汇总

图 4-23 绩效面谈的内容

另外，绩效面谈应更注重未来而不是过去，虽然面谈中有很大一部分内容是对过去的工作绩效进行回顾和评估，但其目的是从过去的事实中总结出一些对未来发展有用的东西，从而制订未来的发展计划。在不同的面谈阶段，所需面谈的内容也不同，如表 4-31 所示。

表 4-31 ××企业绩效面谈实施进程表

面谈步骤	内容	人员	面谈要点
暖场	创造良好的谈话氛围	主管	1. 慰问并感谢员工的辛勤工作 2. 建立真诚、信任的气氛，让员工放松 3. 说明面谈的目的
面谈正式阶段	告知考评结果	主管	1. 从员工优点开始对其的工作表现进行点评 2. 对员工绩效表现不足之处进行分析 3. 肯定员工的进步与努力
	鼓励员工发表意见	主管,员工	1.(主管)多采用开放式的问题 2.(主管)多用肯定或赞美的语气 3.(主管)认真倾听
	双方沟通	主管,员工	1.(主管)了解员工对此次考核的意见 2. 对考核结果进行再次确认,若有偏差之处,可做相应的调整与纠正

续表

面谈步骤	内容	人员	面谈要点
面谈正式阶段	绩效改进	主管,员工	1. 共同制订绩效改进计划 2. 初步确定下一阶段的工作计划目标
结束阶段	信息确认	主管	1. 上述内容的总结与确认 2. 企业对员工的期望 3. 下次绩效面谈的时间 4. 感谢员工的参与 5. 整理面谈记录

② 面谈地点的选择。应当注意选择中立的、和谐的、安静的合适地点,同时要注意保密,不宜让他人知道。

例如,对犯有错误、性格外向、喜欢交际的人,可以选择办公室这种严肃的地点;对于希望能够增进双方了解、密切双方关系的面谈,可以选择家中这种亲切、平等的地点;对于性格内向、胆小怕事、敏感多心或者屡教不改的人,应该选择路上或室外这种随便的地点;对于情绪低落、消沉的人,可以选择公园、林荫路等平等、非正式的地点。

在座位位置安排上,一般有面对面的谈判式的、合作性的友好式的、支持性的协商式的三种位置安排。在绩效面谈时最好选择能给人友好、亲密的座位安排形式,不过也要结合被考核者的性格特点,有的被考核者可能不喜欢过于近距离的座位安排。

③ 面谈时间的选择。绩效面谈是一件非常严肃的事情,需要主管人员认真对待,应当选择双方都有空闲、能集中注意力交流的时间段。因此,面谈时间的确定,应由主管人员与被考核者共同商议,而且面谈时间不宜过长且安排不能太紧凑。

(2) 绩效面谈的技巧

绩效面谈中除了要遵循以上原则外,也需要掌握一些技巧。

a. 双方信任关系的建立

绩效面谈是主管人员和员工之间一个双向交流、沟通的过程。沟通能够顺利进行,最终达成一定的共识并制订出有效的绩效改进计划或方案,双方之间信任关系的建立是前提和基础。

b. 积极有效的倾听

① 保持良好的目光接触。良好的目光接触强化了"我在参与"的信息。真诚、友善的目光接触会让被考核者感觉到更多的友好和信任。但也不要直勾勾地盯着对方,要随着话题内容的变换,及时恰当地做出反应。

通常在社交场合凝视对方面部的社交凝视区域以两眼为上线、唇心为下顶点所形成的倒三角形区域为宜，这样能给人一种平等而轻松的感觉。

② 适时而恰当的提问方式。适时而恰当地提出问题，一方面可以让被考核者明白考核者确实在认真地倾听，另一方面，还可以获取更多新的信息。

提问的问题是灵活多样的，如想要了解被考核者对某一事情的想法，可以问"你对此事有何看法，如果是你，你会打算怎么做"。

③ 适当地给予总结与确认。主管人员所接受到的信息可能会与被考核者想传递的信息并不完全一致，通过适当的总结与确认，可以及时地进行信息的确认，防止误解的产生，如"你是说……，是这个意思吗"。

c. 语言表达的技巧

① 使用开放式问题以寻求更多的信息，开放式问题可以鼓励被考核者就某一问题做出更详尽的回答，如"你认为……"。

② 对被考核者进行评价时应尽量避免使用极端化的语言。使用极端化的字眼，容易造成员工的不满情绪，怀疑主管的公平公正性，会使员工受到打击，怀疑自己，心灰意冷。因此，主管人员应当避免使用极端化的语言，多使用中性化的词语，语气比较平缓。

③ 避免使用针锋相对的语言。这类语言很容易引起双方的争论、僵持，造成关系紧张。

d. 肢体语言

肢体语言又称身体语言，是指通过头、眼、颈、手、肘、臂、身、胯、足等人体部位的协调活动来传达人物的思想，形象的表情达意的一种沟通方式。

在绩效面谈时，肢体表现应当是身子稍稍前倾，面部保持自然的微笑，表情随对方谈话内容有相应的变化，恰如其分地频频点头，而不要频繁地耸肩、手舞足蹈、左顾右盼、坐姿歪斜、晃动双腿等。

(3) 制订绩效改进计划

通过绩效面谈，让员工了解了自身工作绩效的不足和差距。在这一基础上，企业管理者与员工还需制订出有针对性的绩效改进计划，以助员工提升绩效。

员工绩效改进计划通常是在主管的帮助下，由员工自己来制订，并与主管共同讨论，就员工当前水平、工作成果和存在的问题、工作改进计划、绩效目标要求和具体实施方法等内容达成一致。具体说来，制订出的绩效改进计划需包括如下 5 方面的内容。

a. 有待发展的项目

通常是指被考核者在工作的能力、方法、习惯等有待提高的方面。被考核者有待提高的方面可能很多，在绩效改进计划中应列明被考核者最为迫切需要改进且易改进的项目。

b. 发展这些项目的原因

必须阐明将这些项目放入绩效改进计划中的原因，做到有理有据。

c. 目前水平和期望达到的水平

绩效改进计划中应该有明确清晰的目标和期望达到的水平。绩效改进的目标一方面是对绩效考核期内发现的问题进行改善，另一方面是使好的绩效结果达到更高的水平。

d. 发展这些项目的方式

明确绩效改进项目从目前水平提高到期望水平所需要采取的方式，确定责任部门和责任人，以便更好地帮助员工并跟踪其改进的绩效。

e. 设定达到目标的期限

明确绩效改进项目从目前水平提高到期望水平所需的时限要求，以及改善的最终日期。

概括说来，一份完善的绩效改进计划（见表4-32），至少应符合下列3点要求。

① 计划内容要有实际操作性。即拟定的计划内容须与员工待改进的绩效工作相关联且是可以实现的。

② 计划要有时限性。计划的拟定必须有明确的时限性，而且最好有分阶段执行的时间进度安排。

③ 计划要获得管理者与员工双方的认同。即管理者与员工都应该接受这个计划并保证该计划的实现。

表4-32　绩效改进计划表

姓名		所在岗位		所属部门	
直接上级		执行日期	××××年××月××日～××××年××月××日		
一、改进的内容					
待提高的方面		达到的目标		完成日期	直接上级提供的帮助
二、员工职业生涯发展规划（主要从职业规划的目标及如何实现其目标填写）					
三、绩效改进结果评价（改进阶段结束后由员工的直接上级填写）					

4.3 配送人员提成奖励管理

4.3.1 配送人员提成设计

提成这种管理方式具有一定的激励性。实行提成首先要确定合适的提成指标，一般是按照业务量或销售额提成。

4.3.1.1 选择考核指标

考核指标一般着眼于完善提成指标的导向性，在按销售收入提成的制度中，职责考核指标一般应包括应收账款周转率、销售回款率、客户满意度等指标，并对这些指标委以一定的分值权重。

在确定了职责指标及其权重的基础上，将其与工资提成相挂钩，使员工在这些方面的考核结果与其收入真正联系起来。

4.3.1.2 确定提成方式

在提成工资制中，提成工资制的具体形式，可以分为如表4-33所示的两种。

表4-33 提成工资制的形式

提成工资制的具体形式	计算公式	说明
超额提成	员工收入＝基本工资＋超额收入×提成比例	扣除一部分或保留其基本工资作为固定工资部分，并相应规定需完成的销售额或利润，超额完成的部分再按一定的比例提取提成工资
全额提成	员工收入＝利润或销售收入额×提成比例	取消固定的基本工资，员工的收入完全随利润或销售收入额浮动

提成工资能够把员工的工资收入直接同本单位的销售状况或盈利状况联系起来，有利于调动员工的积极性，促进员工关心企业的经营状况。

4.3.1.3 设定提成比例

提成比例的确定也是一个重点和难点，比例设高了，对于个人激励性增大，但企业的利益就相对降低了；设低了，对个人没有太大的激励性，不能促进其多开发客户，从而企业的利润也无从谈起了。

一般而言，在进行提成比例设定时，一方面需根据公司的运营成本测算，保证公司最低净利润收入后确定可分配的利润，另一方面是考虑同行业通行的提成比例。

配送人员的提成设计是一种按照快递收发金额的一定比例提取工资，然后根据配送人员的职位级别、工作年限、实际工作量等因素计发工资的激励方式。配送提成体系有利于激发配送人员的工作积极性，提高工作效率，对企业而言，可以减轻一定的经济负担，减少企业的运营成本。企业在进行配送人员提成设计时需要从产品、人员、环境三个维度考虑，如图4-24所示。

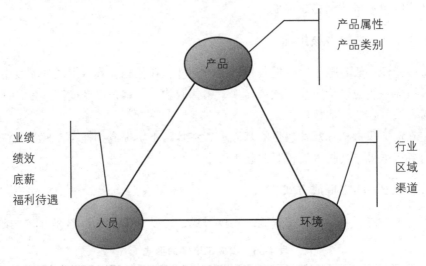

图4-24 提成设计说明

4.3.2 配送人员提成方案

下面是××公司配送人员提成方案。

方案名称	××公司配送人员提成方案	执行部门	
		版本	

一、目的
为激发配送人员的工作热情，促进公司经营目标的达成，特制定本方案。
二、适用范围
本方案适用于公司所有配送人员的配送提成管理。
三、提成设计
1. 提成设计原则。
(1) 提成应根据公司的实际经营情况及员工工作业绩确定，确保公司与配送人员实现双赢。

续表

(2) 提成标准应具有激励性,要达到充分激励配送人员去完成更多的配送量。
2. 配送人员提成设计。
本公司配送人员的业绩提成按下表所示的比例计提,具体内容如下。

配送人员提成比例

提成依据	实际数量	提成比例	计算公式
按送货量	当月实际送货量在____件以内	A%	实际数量×提成比例
	当月实际送货量在____件~____件	B%	
	当月实际送货量在____件以上	C%	

四、提成发放
1. 提成发放时间为每月____日与上月工资一起发放上月配送提成。
2. 提成发放注意事项。
配送人员依据公司离职手续办理离职,经批准并在办理好交接手续且无欠账或违规处罚行为的,公司即按规定发放未结提成。

4.3.3 配送人员奖励设计

奖金是员工工资的重要补充,是激励员工的重要手段,是企业对员工超额劳动部分或劳动绩效突出的部分所支付的劳动报酬。奖金与其他薪酬形式相比具有灵活性、激励性、及时性等特点。奖金的特点见图 4-25。

灵活性	奖金的发放有较大的弹性,它可以根据工作的需要,灵活决定其标准、范围和奖励周期等,有针对性地激励某项工作的进行,也可以抑制某些方面的问题,有效调节企业在生产经营中对工作数量和质量的要求
激励性	这种激励功能来自依据个人劳动贡献所形成的收入差别。利用这些差别,使员工的收入与劳动贡献联系在一起,起到奖励先进、鞭策后进的作用
及时性	奖金可以根据生产(工作)需要并随着生产的变化及时调整奖励对象、奖金数额、获奖人数以及奖励的周期和范围等,迅速准确地反映职工提供的超额劳动的数量和质量,从而及时地把员工的劳动和报酬更直接地联系起来

图 4-25 奖金的特点

4.3.3.1 奖金的类别设计

根据不同的标准,奖金可分为不同的类别,其中有的相互交叉。奖金类别见表 4-34。

表 4-34　奖金类别

划分标准	奖金类别
根据奖金的周期划分	月度奖、季度奖和年度奖
按在一定时期内(一般指一个经济核算年度)发奖次数划分	1. 经常性奖金。指按照预定的时期,对日常生产、工作中超额完成任务或创造优良成绩的职工给予的例行奖金,一般可以是月度奖或季度奖,如超产奖、节约奖等。经常性奖金应预先规定奖励条件、范围、标准和计奖期限等,使员工心中有数 2. 一次性奖金。是对做出特殊贡献的职工进行的不定期奖励,如劳动模范奖。又如为攻克某种产品的质量问题,突击完成某一项机器设备大修任务或其他紧迫的重要任务等而设立的奖金
根据奖金的来源划分	可分为由工资基金中支付的奖金和非工资基金中支付的奖金。例如节约奖,是从节约的原材料、燃料等价值中提取一部分支付的奖金
根据奖励范围来划分	有个人奖和集体奖。凡由个人单独操作并可以单独考核劳动定额和其他技术经济指标的,实行个人奖;凡是集体作业不能对个人单独加以考核的,则以集体为计奖单位,实行集体奖
从奖励的条件区分	1. 综合奖。是以生产或工作中多项考核指标作为计奖条件的奖金形式。其特点是对职工的劳动贡献和劳动成绩的各个主要方面进行全面评价、统一计奖、重点突出。具体办法是把劳动成果分解成质量、数量、品种、效率消耗等因素,每一因素都明确考核指标以及该指标的奖金占奖金总额的百分率或绝对数,只有在全面完成各项指标的基础上提供超额劳动的,才能统一计奖,如百分奖等 2. 单项奖。是以生产或工作中的某一项指标作为计奖条件的奖金形式。其特点是只对劳动成果中的某一方面进行专项考核,单项奖的具体形式如下: (1)节约奖。全称为特定燃料、原料节约奖 (2)安全奖。是为奖励安全生产而实行的一种单项奖 (3)超额奖 (4)质量奖 (5)发明创造奖 (6)合理化建议及技术改进奖

奖金的具体形式多种多样,相互补充。正确运用奖励形式,能充分调动员工的积极性,促进生产进一步发展,提高劳动生产率,取得良好的经济效益。

4.3.3.2 明确奖励项目和标准

根据本企业经营、工作的需要确定奖励的项目。比如某企业的产品质量是影响整个生产的关键,为此,可设立质量奖,然后根据企业内部各单位不同情况以及员工工作的特点设置奖励条件。

奖励条件是对奖励指标实现程度上的要求,如为产品质量指标而设立的奖励指标可以是合格率、优良品率等。

此外,人力资源管理者在制定奖励标准时,除了需做到标准清晰外,还需把握3个要点,制定奖励标准的3个要点见图4-26。

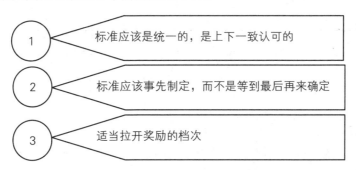

图 4-26 制定奖励标准的 3 个要点

表 4-35 是奖励标准示例。

表 4-35 奖励标准示例

部门	奖励前提	奖励标准
配送部	各团队或门店要在安全的前提下,以完成配送任务为目标,各配送人员按当月完成配送任务情况进行奖励	以当月实际完成配送任务及客户满意度为依据,达到完成配送任务的____%,奖励____元

4.3.3.3 制定奖金分配办法

奖金分配的办法有很多种,对于企业常见的奖金类型一般采用计分法和系数法进行分配。

(1) 计分法

计分法的实施步骤如下。

① 对各项奖励条件规定最高分数。

② 根据制定的奖励条件标准对员工表现进行评分。

对有定额的员工按照超额完成情况评分,对于无定额的员工按照完成任务的程度进行综合评分。

③ 按照奖金总分求出每位员工奖金的分值，其计算公式如下。

个人奖金额＝企业奖金总额/考核总得分×个人考核得分

（2）系数法

系数法是在工作评价的基础上，根据岗位贡献大小确定岗位奖金系数，最后根据个人完成任务情况按系数进行分配。其计算公式如下。

个人奖金额＝[企业奖金总额/Σ（岗位人数×岗位系数）]×个人岗位计奖系数

4.3.4 配送人员奖励方案

下面是××公司配送人员奖励方案。

方案名称	××公司配送人员奖励方案	执行部门	
		版本	

一、目的
为提高企业配送工作效率，提升配送工作的规范性，特制定本奖励方案。

二、奖金奖励种类
本公司对配送人员设置的奖金类型包括绩效奖金、全勤奖、年终奖、优秀员工奖、创造奖、功绩奖等类型。

三、绩效奖金
1. 设置目的
为鼓励员工更好地工作，创造出更优异的成绩，特设立绩效奖金，于每季度核定一次，定期发放。
2. 绩效奖金适用范围
绩效奖金适用于本公司全体员工，但试用期人员及考核期内给予记过的人员除外。
3. 绩效奖金的类别及奖金计发标准
公司根据每月配送效率提升情况、客户好评率来计发其奖金，具体核算标准见下表。

配送绩效奖金核算标准

完成计划量	资金额度	备注
配送效率提升____%以上、客户好评率不低于____%	本月公司创造的超额利润×____%	员工奖金提取比例由配送部根据个人考核得分而定
配送效率提升____%～____%、客户好评率不低于____%	本月公司创造的超额利润×____%	
配送效率提升____%～____%、客户好评率不低于____%	本月公司创造的超额利润×____%	
配送效率提升____%以内、客户好评率低于____%	无部门绩效奖金	

续表

四、年终奖金

1. 设置目的

年终奖是公司为感谢员工的辛勤劳动，根据公司年度经营状况及员工的实际工作表现于年底发放给员工的奖金。

2. 发放范围

公司年终奖适用于公司全体正式员工，但下列人员不包括在内。

(1) 中途离职者。

(2) 停薪留职者。

(3) 在过去一年中长期休假者（休假时间超过一年所有工作日的____%）。

3. 发放标准

(1) 管理层员工，根据工作任务完成情况而定，具体标准参照绩效考核实施办法予以计发。

(2) 一般工作人员，年终奖金为员工一个月的工资。

五、全勤奖

1. 奖项设置

(1) 凡本公司连续一年未缺勤的员工经审查后授予年度全勤奖。

(2) 连续一月度未缺勤的员工经审查后可授予月度全勤奖。

2. 月度全勤奖

公司为鼓励员工出勤，减少员工请假，特设立此奖金项目。

(1) 奖金数额____元。

(2) 奖励周期：____月度。

(3) 发放标准：当月全勤者，计发全额奖金；当月请一次以及以上事假者，不计发全勤奖；当月请病假者，酌情扣除月度全勤奖的20%～40%。

3. 年度全勤奖

年度全勤奖为员工1个月的工资，发放给年度内没有请事假（年假除外），并且病假天数不超过____天的员工。

六、优秀员工奖

1. 奖项设置

公司设置优秀员工奖，以奖励工作业绩突出的员工，一般情况下以年度（或季度）为单位进行奖励。

2. 具体操作办法

(1) 部门主管人员根据员工实际工作表现，挑选一至两名工作表现优异的员工，报人力资源部审核。

(2) 人力资源部审批通过后，在年会上或其他公司性会议上为优秀员工颁发奖状或奖金。

七、其他奖项

1. 创造奖

本公司员工符合以下所列各项条件之一者经审查合格后颁发创造奖。

(1) 提出有益于业务的发展、节省公司经费、经营合理化等方面的建议，对公司提升效率和经营水平做出贡献者。

续表

(2) 在独创方面尚未达到发明的程度,但对公司业务发展确有特殊的贡献者。

2. 功绩奖

员工做出以下对本公司具有显著贡献的特殊行为,即可为其颁发功绩奖、奖金或奖品,数额和形式根据贡献大小确定。

(1) 对提高本公司的声誉有特殊功绩。

(2) 遇到非常事件如灾害事故等,能临机应变采取得当措施。

(3) 敢冒风险救护公司财产及人员脱离危难。

(4) 具有优秀品德可以作为本公司的楷模,有益于公司及员工树立良好风气的其他情况。

八、附则

1. 本制度经本公司总经理核准后实施。

2. 本制度的解释权归公司人力资源部所有。

4.4 配送人员津贴补贴管理

配送企业在进行津贴补贴设计时,必须认真进行调查研究,经过全面的权衡后再决定是否设置该项津贴或补贴。津贴补贴设计的要求如表4-36所示。

表4-36 津贴补贴设计的要求

要求	内容说明
避免任意设置津贴补贴项目	企业应根据自身的实际情况设置津贴补贴项目,使每一项津贴补贴都有其存在的意义和实用价值,避免任意设置津贴补贴项目,产生津贴补贴名目泛滥的情况
避免重复设置津贴补贴项目	随着工作环境的变化,各种新型的津贴补贴形式应运而生,同时一些已有的津贴补贴项目可能已失去意义,在这种情况下,人力资源部要及时废除过时的津贴补贴项目,防止津贴补贴名目越来越多,给企业带来沉重的成本负担
津贴补贴计划要与企业的薪酬计划配套实施	在整个薪酬体系中,要保持津贴补贴在其中所占的比例合理,既要避免不设立津贴补贴的倾向,又要防止津贴补贴份额的膨胀

企业应根据与员工协商的结果确定津贴补贴的发放时间,一般情况下,津贴补贴的发放时间有几种情况,如表4-37所示。

表 4-37　津贴补贴发放时间一览表

发放时间	说明
按月全额发放	即每月随工资一并全额发放。但此种情况企业也可以结合员工的考勤、业绩等指标来进行津贴补贴的发放
根据具体项目一次性发放	如出差补贴、项目津贴等可在相关工作项目结束后进行核算，直接向员工一次性发放津贴补贴

4.4.1　配送人员津贴设计及方案

津贴是薪酬的一种补充形式，是企业为了补偿员工特殊或额外的劳动消耗和因其他特殊原因而支付给员工劳动报酬的一种工资形式。

4.4.1.1　津贴名目的设计

津贴的名目繁多，按不同的分类标准可以分为不同的类型，配送企业津贴名目的设计如表 4-38 所示。

表 4-38　配送企业津贴名目的设计

津贴名目	说明	具体名目举例
岗位性津贴	为了补偿员工在某些特殊劳动条件岗位或额外劳动消耗而设立的津贴	防寒防暑津贴等
年功性津贴	为保持员工队伍的稳定，鼓励员工忠诚于企业，为具有一定工龄的员工设立的津贴	工龄津贴、资历津贴等
地区性津贴	为了补偿员工在不同地理自然条件下的额外劳动支出而设立的津贴	高寒山区配送津贴等
其他津贴	企业根据自身实际情况自行设立的津贴	伙食津贴

4.4.1.2　津贴设计的步骤

能否科学、合理地设计各种津贴，关系到企业薪酬结构是否合理。一套完整的津贴制度应明确规定津贴的项目、适用范围、标准及支付形式等内容。

津贴设计步骤如图 4-27 所示。

（1）确定津贴适应范围

企业在确定哪些工种和岗位可纳入实行津贴的范围之前，要对其相近岗位或工种的有关因素进行分析，再决定设置哪些津贴项目，否则，就会出现该享受的享受不上、不该享受的却享受了的局面，以致产生新的矛盾。

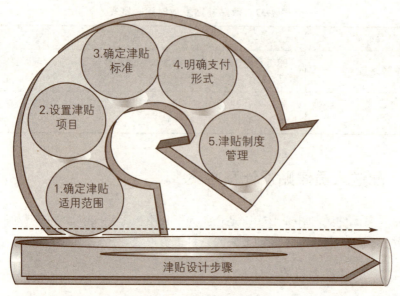

图 4-27 津贴设计步骤

(2) 设置津贴项目

进行津贴设计时,首先要根据企业的具体情况和国家相关的法律法规要求设置津贴项目。对于要设立津贴的岗位或工种,必须认真进行调查研究,经全面权衡后再决定是否设置该项津贴。

(3) 确定津贴标准

津贴标准是指某项津贴在单位时间内应支付的金额。它的确定方式有两种:一种是按照员工基本工资的一定百分比计算;另一种是按照绝对数额计算。确定津贴标准时应考虑 3 个因素,如图 4-28 所示。

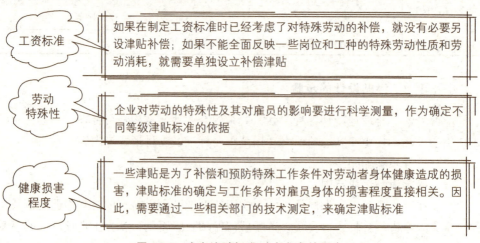

图 4-28 确定津贴标准时应考虑的因素

(4) 确定支付形式

津贴有实物和货币两种具体的支付形式,企业应根据自身特点确定采用何种支付形式。一般情况下,与额外劳动补偿有关的津贴采用货币支付形式,并构成辅助工资的一部分;与身体健康补偿有关的津贴采用实物支付形式。

(5) 津贴制度管理

津贴制度是整个工资制度的重要组成部分,加强津贴制度的管理,对于调动员工积极性有重要意义。企业在津贴制度管理中应做好两项工作,津贴制度管理工作事项如图 4-29 所示。

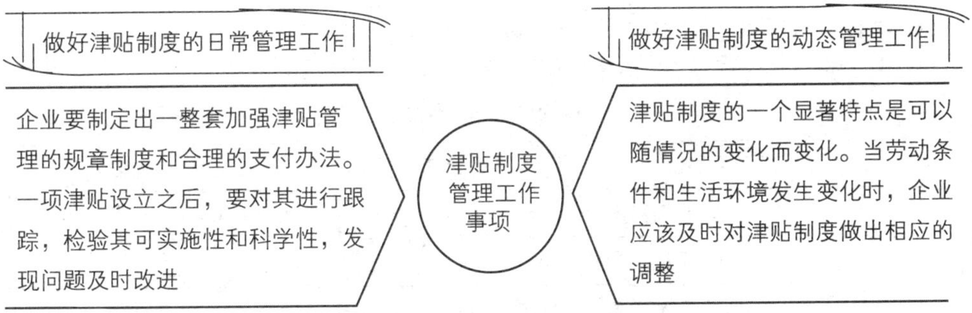

做好津贴制度的日常管理工作
企业要制定出一整套加强津贴管理的规章制度和合理的支付办法。一项津贴设立之后,要对其进行跟踪,检验其可实施性和科学性,发现问题及时改进

津贴制度管理工作事项

做好津贴制度的动态管理工作
津贴制度的一个显著特点是可以随情况的变化而变化。当劳动条件和生活环境发生变化时,企业应该及时对津贴制度做出相应的调整

图 4-29 津贴制度管理工作事项

4.4.1.3 津贴方案设计示例

下面是××公司配送人员津贴实施方案。

方案名称	××公司配送人员津贴实施方案	执行部门	
		版本	

一、目的
为规范公司的福利津贴管理,充分调动配送人员的工作积极性,特制定本方案。
二、适用范围
本方案适用于公司所有配送人员的津贴管理。
三、权责划分
1. 人力资源部、财务部等部门共同评定配送人员的津贴标准。
2. 人力资源部薪酬管理人员负责每月核算岗位津贴,报财务部作为薪资计发的依据。
四、津贴的构成
1. 高温津贴
(1) 发放对象:用于夏季在高温环境下工作的配送人员。
(2) 发放标准:根据工作时间的长短,公司分别设计了不同的津贴发放标准,具体内容如下表所示。

续表

高温津贴发放标准

工作环境	津贴标准
日最高温度在 35℃ 以上	每天____元
日最高温度在 37℃ 以上	每天____元
日最高温度在 40℃ 以上	每天____元

(3) 发放时间：每月随工资一起发放。

2. 住房津贴

(1) 发放对象：适用于不在公司提供的住房内居住的员工。

(2) 发放标准：根据员工的个人情况确定，具体内容如下表所示。

住房津贴发放标准

员工类别		租借津贴标准	自购房津贴标准
本人是户主	有抚养家属	每月____元	每月____元
	无抚养家属	每月____元	每月____元
本人不是户主	所抚养家属是户主时	每月____元	每月____元
	所抚养家属不是户主时	每月____元	每月____元
	无抚养家属	每月____元	每月____元

(3) 发放时间：每月随工资一起发放。

3. 车费津贴

(1) 发放对象：适用于自己备车或由公司提供需加油类车辆。

(2) 发放标准：根据车辆类型不同而有所不同，具体内容如下表所示。

车费津贴发放标准

车辆类别		发放标准	备注
自己备车	充电类	每月____元	公司提供充电类车辆可在公司相应的充电点进行充电
	加油类	每月____元	
公司提供	加油类	每月____元	

4.4.2 配送人员补贴设计及方案

4.4.2.1 补贴名目的设计

补贴是企业对员工的一种弥补，或因物价上涨，或因工作原因导致员工生活开支增加，而在工资体系以外向员工提供的一种补助。具体说来，补贴名目包括以货币形式支付的住房补贴、交通补贴、通信补贴、加班补贴、伙食补贴等。

企业在进行补贴名目的设计时，一定要从自身的实际出发，设计最有针对性的补贴名目，尤其要避免滥发补贴，否则，不仅会提高企业的人力成本，还可能会无法达成发放补贴的激励目标。结合配送人员的工作特点，表 4-39 是配送人员补贴标准。

表 4-39 配送人员补贴标准

补贴名目	发放标准	发放时间
餐饮补贴	根据公司的相关标准及员工实际出勤天数确定	每月随工资一起发放
加班补贴	根据配送人员实际加班时长及公司相关规定确定	每月随工资一起发放
通信补贴	根据公司的相关规定确定	每月随工资一起发放
节假日补贴	每逢元旦、春节、国庆节等节日发放，具体金额依公司有关规定实施	于节假日前发放

4.4.2.2 补贴方案示例

下面是××公司配送人员补贴实施方案。

方案名称	××公司配送人员补贴实施方案	执行部门	
		版本	

一、目的
为明确公司补助给付的标准，规范给付的程序，特制定本方案。
二、适用范围
本方案适用于公司所有配送人员的补贴管理。
三、补贴类型及标准
1. 话费补助，每月____元。
2. 餐饮补贴，每月____元。
3. 购车补贴
依据购车的类型，分别给予不同的补贴。
购置××车，补贴____元；购置××车，补贴____元；购置××车，补贴____元。
4. 节日补贴
公司会在五一（____元）、十一（____元）、元旦（____元）、春节（____元）等节假日为配送人员发放节日补贴。
四、补贴发放说明（略）

第5章

配送人员食宿管理

5.1 配送人员餐饮管理

5.1.1 配送人员餐饮标准管理

配送人员餐饮关系到配送人员的基本生活，为他们提供优质、健康、卫生的食物是企业非常重视的一项福利。

工作餐标准与员工的生活密切相关，也是员工保持健康身体的重要一环，这是配送工作顺利开展的前提。为了达到这一效果，企业在对配送人员餐饮工作的管理，至少需符合如图 5-1 所示的几点要求。

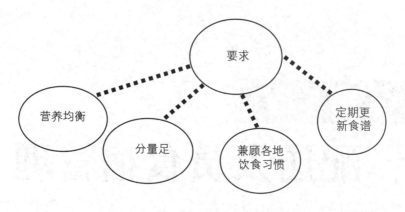

图 5-1 餐饮标准

下面是某配送企业工作餐的标准。

工作餐标准

工作餐：包括一份饭、一份菜（一荤二素）、一份汤（随季节不同而变化），共____元。

配餐标准

⊙ 素菜：2 种（四选二）。

⊙ 荤菜：1 种（四选一）。

⊙ 主食：米饭、馒头、面条可同时选择。

⊙ 汤、营养粥（二选一）。

在确立了工作餐标准之后，配送企业也要严格把控食品安全卫生要求。食品安全卫生要求如下。

5.1.1.1 原材料采购要求

在原材料采购过程中,必须保证从正规渠道购进,并经过有关食品检验检疫部门的正规检验合格,必须严格执行国家相关法规。

① 肉质食品的采购,应提供采购部门的营业执照、经营许可证、卫生许可证、检验检疫合格证等。

② 蔬菜类材料采购必须从正规市场购入并符合国家有关食品安全方面的规定。各种主食材料(米面等)、辅料、调味品及卫生消毒用品、消耗品等必须从正规厂商或者商场购入,制定品牌和采购渠道。

③ 杜绝食用三无产品、假冒伪劣、过期产品。一经发现,公司依据条例,采取相应措施。

5.1.1.2 食品制作质量要求

在食品安全卫生要求之后,我们也要严格把控食品制作质量要求,保证食品的新鲜度和口感,保证配送人员的食品健康安全,食品制作质量要求如下:

① 冷菜酱制食品不宜含过多汤汁。

② 热菜供应时保持温度,不宜过凉。

③ 所供菜品必须保证新鲜和质量,不得使用变质的食物。

5.1.2 配送人员餐饮补贴管理

配送人员餐饮补贴属于员工福利的一个方面,餐饮补贴的合理实施能够激发员工的积极性。

公司给予员工的餐饮补贴一般有两种方式:一种是现金方式,补贴标准____元/工作日,消费超额部分由员工自理;另一种是饭票形式,此饭票为非通用货币,只限于在公司饭堂消费。

为了加强对饭票的管理,使饭票的发放做到合理有序,使员工用餐合理规范,需对此进行规范。下面是一则示例:

××公司食堂就餐管理规定

第1条 目的

为使员工的就餐合理有序,特制定如下饭票使用及管理规定。

第2条 适用范围

公司所有就餐员工。

> **第 3 条　规范事项**
>
> 1. 饭票每月由财务室到饭堂领取交出纳保管。
> 2. 配送人员到行政部领取饭票,不直接和财务和出纳发生联系。
> 3. 饭票发放时间定在每月 1 号,各部门主管上月月底前将本部门各小组需领用饭票人数报到行政部,行政部按每人____元标准将饭票发放到员工手中。
> 4. 新员工转正后由部门管理人员开具联络单到行政部领取饭票,5 天后可领取 10 天饭票,10 天后可领取当月全部饭票。
> 5. 员工就餐需将饭票交给公司食堂工作人员,严禁无票就餐。
> 6. 饭票作为代费券,员工应妥善保管,爱惜使用;不得人为毁坏,遗失不补。
> 7. 用餐注意文明,爱惜粮食,讲究卫生,文明礼让。

5.1.3　配送人员餐饮时间管理

配送人员餐饮时间管理关系到配送部整体的运作时间,所以合理地安排餐饮时间对于调节配送人员的工作非常重要。下面就配送人员的用餐时间、用餐注意事项等对配送人员的餐饮时间管理展开说明。

5.1.3.1　用餐时间

合理的用餐时间对工作的开展具备促进作用,根据公司生产经营实际,合理设置用餐时间,下面是某配送企业对员工就餐时间做出的规定。

> 早餐:7:00~8:00
> 午餐:11:30~12:30
> 晚餐:17:30~19:30(仅限住宿、夜班、值班、加班人员)
> 说明:⊙配送部门员工要严格遵守用餐时间的规定,严禁提前用餐。
> 　　　⊙公司会根据季节情况或者生产情况,适时调整开餐时间,具体以通知为准。
> 　　　⊙休息日不提供就餐。

5.1.3.2　用餐注意事项

安排好用餐时间之后,配送部门对用餐的其他事项也要做出相应的说明,比如用餐纪律、餐票的回收与发放等。其示例如下。

⊙餐票为公司统一印制专用食堂餐票。员工须凭票用餐，员工食堂见票付餐，严禁用现金替代餐票。
⊙公司财务部负责回收餐票。
⊙行政部负责发放餐票。每周星期一、五为发放餐票日。
⊙公司为员工免费提供消毒餐具。
⊙员工用餐结束，须将餐具内食物残渣清除干净，并放到指定位置。
⊙除门卫工作人员外，公司员工一律在食堂餐厅用餐，严禁将食堂餐具带出餐厅。
⊙员工用餐必须听从食堂工作人员的统一安排，自觉排队并节约用餐。

5.2 配送人员住宿管理

5.2.1 配送人员起居管理

配送人员起居管理属于配送人员日常管理，对于配送人员而言，规范的作息时间，健康的生活习惯，合理的行为准则都是非常重要的，下面我们就从这几个方面阐述配送人员的起居管理。

5.2.1.1 作息时间

作息时间对于保证员工的休息及睡眠是非常重要的一个环节，相关人员必须重视起来，必须合理安排。其示例如下。

① 公司配送人员在公司提供的宿舍内入住者，需服从公司宿管人员的管理与监督。

② 晚10点后不得大声喧哗影响他人休息。

③ 夜间最晚于0点前返回宿舍，有特殊情况不能返回宿舍者，需通知管理人员与同室室友。

5.2.1.2 生活习惯

良好的生活习惯对于员工的工作和生活都是有积极作用的，生活习惯好了，睡眠健康，身体也健康，配送工作也可以顺利展开。其示例如下。

> ① 不得在墙壁、柜子、门窗上随意钉挂物品。
>
> ② 不得在宿舍内聚餐、喝酒、斗殴、赌博或从事其他不健康的活动。
>
> ③ 员工申请宿舍时，必须按宿管员指定的宿舍入住，不得随意调换。

5.2.1.3 行为准则

仅仅具备合理的作息时间、良好的生活习惯是不够的，还需要遵守配送人员起居行为准则，起居行为准则包括但不限于以下几个方面。

① 不得在公共走廊、楼梯及其他公共场所堆放物品，不得随地吐痰，乱倒垃圾。

② 不得在室内饲养牲畜、宠物，严禁将杂物剩饭倒入厕所及排水管道。

③ 水电用完即关闭，淋浴完毕应清理淋浴场所。

④ 生活用品一律放在规定区域，不得随意乱放。

5.2.2 配送人员宿舍管理

配送人员宿舍管理得当，便能为员工提供一个良好、清洁、整齐的住宿环境和秩序，保证员工得到充分的休息，以提高工作效率。

5.2.2.1 宿舍申请及分配

配送人员宿舍管理的第一步便是要进行宿舍申请（"员工宿舍申请表"见表5-1），申请成功之后，统计住宿人数，然后开始对宿舍人员进行分配。

表 5-1 员工宿舍申请表

申请人		性别		申请日期	
所属部门		岗位		职务	
联系方式		身份证号			
申请原因					
部门意见					
行政部意见					

5.2.2.2 宿舍设施与安全管理

在对员工宿舍的管理工作中，宿舍的设施与安全管理也是很重要的一环。下面是员工宿舍设施与安全管理规定。

员工宿舍设施与安全管理规定

一、宿舍设备管理

1. 宿舍管理员设置专人负责员工宿舍内部设备的日常巡检与检修工作。一旦发现问题，及时处理，确保员工的正常休息和住宿安全。
2. 维修时，需控制维修成本。施工时，公司行政后勤负责人应亲临现场监工，并做好验收检查。
3. 宿舍管理员定期于每月的____日对员工宿舍的空调等设备进行一次检验，如发现机械故障，应立即通知工程部处理。
4. 宿舍管理员每月____日对各宿舍的电表、水表数字进行抄录，同时检查各分路开关有无超载、过热现象，如果发现应及时处理。
5. 宿舍管理员每月检查一次各宿舍楼的总配电箱、开关的接头、触电、绝缘情况等是否完好。

二、宿舍安全管理

1. 烟灰、烟蒂不得丢弃地上，烟灰缸及其他易燃物品不得放置宿舍内。
2. 宿舍内禁止私自乱接乱拉电线、插座。
3. 宿舍楼内的各种消防设施、设备，严禁随意挪动。
4. 禁止在电线、灯管等电器设备上搭挂衣物或烘烤物品。
5. 宿舍人员离室锁门时，必须检查并关闭电灯、充电器、电扇等所有电器设备的电源。

5.2.2.3 宿舍纪律

在对配送人员宿舍设施与安全处理妥当之后，宿舍纪律也是一个不可忽视的问题。

员工宿舍纪律的制定，可以从员工行为规范、公共设施管理与维护、安全管理、卫生管理等方面来拟定。

下面是一则范例，仅供参考。

---

1. 宿舍入住员工要严格遵守作息时间，晚11点前应熄灯就寝。
2. 不得高声喧哗，不许高音播放电视、音响等设备，以免影响他人休息。
3. 严禁在宿舍赌博、打架、偷盗、斗殴和酗酒闹事。
4. 保持宿舍区通道、楼梯等公共场所卫生整齐、清洁。不得乱丢果皮果壳、乱倒垃圾、乱倒污水，不得随地吐痰。
5. 保证宿舍消防安全。员工离开房间或睡觉前必须关闭所有电器设备及门窗。发现不安全因素，及时向管理员汇报。
6. 严禁蓄意破坏公用物品或设施，若发现，一律取消住宿资格，并按价赔偿损失。

5.2.3　配送人员水电管理

水电是员工住宿必备的生活资源，为规范对员工宿舍的水电管理，企业至少需做好如下三方面的工作。

5.2.3.1　有专人负责

为规范员工行为，合理控制开支，企业有必要设置专人来分管员工宿舍的水电管理工作，如设立宿管部专员管理水电。其职责包括巡回检查宿舍内外照明设施、自来水设施的使用情况，发现问题及时维修和处理，杜绝"大灯泡""长明灯""长流水"的现象等。

5.2.3.2　做好宿舍水电安全工作

企业不仅要设置宿管部专员管理水电，还要加强宿舍水电安全管理，禁止使用大功率电器，防止漏水漏电的行为。可以以制度的形式来对住宿员工的行为进行规定，如"不能随意使用电饭锅、电炉、电褥子等用电设施。离开宿舍时，必须关闭灯光和空调电源，检查后方可离开"等。

5.2.3.3　水电费核算

在做好上述两个步骤之后，企业还需要对水电费进行核算，合理控制宿舍的水电使用情况，达到节能减耗的目的。

① 每月＿＿＿日由宿舍长统一缴纳水费、电费。

② 每月电费＿＿＿元/人、水费＿＿＿元/人，按照宿舍总人数计费，超出部分则由宿舍员内居住人员自行承担。

③ 辞职辞退员工在办理离职手续时，需核算水电费使用有无超支的情况。

下面是一则关于配送人员宿舍水电管理的制度。

第 1 条　目的

为加强员工宿舍水电使用的规范化管理，强化员工节约水电的意识，合理利用资源，特制定本制度。

第 2 条　水电使用规定

1. 员工宿舍用水在＿＿＿吨以内，水费由公司支付；超出部分由宿舍员工均摊。
2. 员工宿舍用电在＿＿＿度以内，电费由公司支付；超出部分由宿舍员工均摊。
3. 超出公司规定的用水、电标准的宿舍，其费用从员工当月工资中扣除。
4. 各宿舍必须严格遵守用电管理制度，严禁各宿舍人员私自更改用电线路，严禁使用大功率电器。

续表

5. 严禁在宿舍内使用不合格、劣质和自制电器设备。

6. 严禁在宿舍使用电热毯等大功率及危险性较大的电器设备。

7. 因员工违反水电使用规范，违规使用电器，造成宿舍电路、设备损坏，需照价赔偿，并予以罚款。

8. 员工需做到及时关水、关灯、关空调、关饮水机。

9. 严禁在用电设备周围堆放纸皮、书籍等易燃物品。

10. 发现水电故障不得私自处理，应报告工程部。

11. 员工要牢固树立安全用电意识，自觉做到安全用电，防止因用电不当引起触电和火灾等事故的发生。

12. 员工宿舍由宿舍长负责各宿舍安全用水用电管理，同时检查用电设备是否存在安全隐患，对检查出来的安全隐患要及时清除并反映给公司管理人员。

第 3 条　罚则

1. 违反上述第 4、5、6 款规定者，取消入住资格。

2. 违反其他规定者，视情节或事件严重程度处____～____元罚款。

3. 违反上述规定造成事故的，由责任人赔偿损失或承担修复费用，并追究其他相关责任。

第6章

配送人员管理制度与流程设计

6.1 配送人员管理制度设计

6.1.1 配送人员管理制度体系设计

配送服务水平的高低直接影响配送企业的运营效率，而作为配送业务的执行主体——配送人员，其工作表现会直接影响配送的效率。为了更好地对配送人员的工作进行管理，企业可通过制度来对其工作行为进行规范。

制度是企业对员工进行规范化管理的一个重要工具。考虑到配送业务的特点，企业有必要在人员服务规范、安全管理、人员考核与激励3个方面制定出完备的制度，以规范其业务。配送人员管理制度体系如图6-1所示。

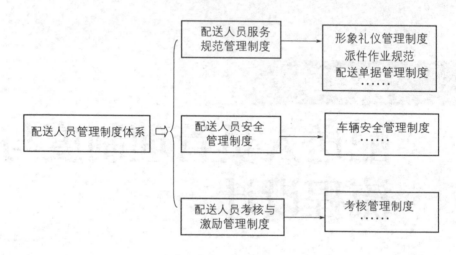

图6-1 配送人员管理制度体系

6.1.2 配送人员管理主要制度设计

6.1.2.1 配送人员服务规范管理制度体系

服务规范即岗位礼仪或岗位规范，指配送人员在岗位上服务客户时标准的、正确的做法。配送人员服务规范制度体系的建立有助于企业对员工进行规范化的服务指导，它主要包括配送人员形象礼仪管理制度、配送人员行为礼仪管理制度、配送人员语言礼仪管理制度、派件作业规范等。

(1) 配送人员形象礼仪管理制度

形象礼仪是个体形象的外在表现形式之一,形象礼仪的高低往往反映出一个人教养、素质的高低。配送人员形象礼仪管理对于配送企业而言是相当重要且关键的,配送人员形象礼仪管理包括仪容仪表礼仪、仪态礼仪等。

(2) 配送人员行为礼仪管理制度

凡行为在社会中反映,就有一定的规范,这种规范我们称之为行为礼仪。俗话常说:坐有坐相,站有站相等,即是对行为礼仪的基本要求。配送人员行为礼仪关系到客户满意度的高低。配送企业需要重视对员工行为礼仪的管理,它主要包括公共场合礼仪、上门服务礼仪、窗口服务礼仪、接递物品礼仪等。

(3) 配送人员语言礼仪管理制度

语言是表现人们心灵的窗口。配送人员在与客户交流时,应使用文明用语。文明用语对于树立企业的形象起着至关重要的作用,它主要包括日常服务用语和电话用语等。

(4) 派件作业规范

为加强对配送人员派件工作的管理,企业需对派件工作标准作出规定,包括派送前、派送中、派送后等环节,以规范员工行为。

6.1.2.2 配送人员安全管理制度体系

配送人员安全管理制度的制定能够在某种程度上对配送人员安全生产起到重要的规范作用。配送人员安全管理制度体系包括车辆安全管理制度、人员安全管理制度、货物安全管理制度等。

(1) 车辆安全管理制度

车辆如摩托车、电动车、货车都是配送企业必不可少的工具,车辆的安全关系到配送人员安全,因此必须对车辆做出统一管理。车辆安全管理制度包括车辆调度安全、车辆交通安全等。

(2) 人员安全管理制度

员工是企业生产中最宝贵的财产,人员安全是配送企业保持健康发展的保证。人员安全管理制度体现了企业的人文关怀。人员安全管理制度主要包括交通安全、饮食安全、住宿安全管理制度等。

(3) 货物安全管理制度

配送工作开展主要围绕货物的收发进行。货物安全管理制度包括货物包装安全、货物装卸安全、货物配送安全等。

6.1.2.3 配送人员考核与激励管理制度体系

配送人员考核与激励管理有助于激发员工的上进心,提高他们的积极性。

员工考核是指公司按照一定的标准，采用科学的方法，衡量与评定员工完成岗位职责任务的能力与效果的管理方法；所谓激励，就是通过设计适当的外部奖酬形式和工作环境，以一定的行为规范和惩罚性措施，借助信息沟通来激发、诱导、保持组织成员的行为，以有效地实现组织及其成员个人目标的系统活动。

配送人员考核与激励管理制度体系主要包括配送人员考核管理制度、配送人员薪酬管理制度、配送人员激励管理制度等。

(1) 配送人员考核管理制度

完善的绩效考核制度对于激发员工的上进心具有促进和提升作用，它主要包括拟定绩效考核计划、绩效考核实施管理、考核表信息汇总、绩效考核结果管理、绩效考核结果应用等方面。

(2) 配送人员薪酬管理制度

完善的薪酬管理制度能保证企业的薪酬在劳动力市场上具有竞争性，吸引优秀配送人才。它主要包括基本工资管理、绩效工资管理、奖金和福利管理等方面。

(3) 配送人员激励管理制度

激励是人力资源管理工作的重要内容，是指激发人的行为的心理过程。配送企业有效的激励会点燃员工的激情，促使他们的工作动机更加强烈。它主要包括激励的原则和分工管理、激励的类型管理、激励的实施管理等。

6.1.3 配送人员管理制度设计模板

管理制度是对一定的管理机制、管理原则、管理方法以及管理机构设置的规范。它是实施一定的管理行为的依据，是再生产过程顺利进行的保证。配送人员管理制度是指对配送人员的言行举止、工作规范等多方面做出的规定管理。

6.1.3.1 配送人员岗位服务规范

下面是配送人员岗位服务规范。

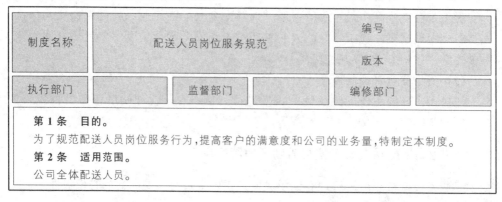

制度名称	配送人员岗位服务规范	编号	
		版本	
执行部门		监督部门	编修部门

第1条 目的。
为了规范配送人员岗位服务行为，提高客户的满意度和公司的业务量，特制定本制度。
第2条 适用范围。
公司全体配送人员。

续表

第3条 配送人员出班准备。

上岗出班基本规范。

(1) 工作时间。

①每天准时上班,上班时间为____点~____点。

②中午____点~____点为午餐及休息时间,休息时间可以处理个人事情,除此之外,上班时间不能处理私事。

(2) 个人仪容仪表。

①上岗时要穿统一的工作服,着装要求统一、整洁、得体。

②头发梳理整齐,修饰得当,不戴夸张的饰物。

③保持口腔的清洁,出车前忌食具有刺激性气味的食品。

(3) 检查工作工具。

检查工作用具和车辆。确保车辆完好,工作所需用品齐全。

第4条 配送人员见客户之前的行为要求。

1. 电话联系客户。

(1) 遇到陌生环境时要电话联系,通话的过程中要表明自己的身份和任务,再向客户询问具体地址与到达路线等。

(2) 进入投递目的地时,出示工作牌配合门卫做好相关的登记手续。

2. 车辆的停放要求。

①公司或住宅区域要根据该地的停车规范在指定的范围内停车,不可停在大门或有碍交通的地方。

②到商业区或大厦投递快件,根据交通管理人员的停车要求停放车辆。

3. 敲门与等待客户的要求。

①到达客户所在地,应按门铃或适度扣敲,主动通报身份、出示工作证,未经允许不得进入。

②等待客户时,宜站立等待,不应大声催促。

第5条 配送人员面见客户的服务要求。

1. 面见客户的行为规范。

(1) 初次上门时,应主动自我介绍,展示工号牌,双手递送名片。

(2) 进入居室时,宜穿着自备的清洁鞋套;不动客户的任何一件东西。

(3) 与客户交谈时,应保持适当的身体距离。

(4) 不可耽误客户太长的时间,长话短说。

2. 告别客户的行为规范。

告别时应先退两步并伸右手做出"再见"手势,再转身离开。

第6条 附则。

1. 本制度未尽事宜参照公司相关规定执行。

2. 本制度由公司配送部负责起草和修订,经公司总经理审批后生效。

编制日期		审核日期		批准日期	
修改标记		修改处数		修改日期	

6.1.3.2 派件作业规范

下面是派件作业规范。

制度名称	派件作业规范		编号	
			版本	
执行部门		监督部门		编修部门

第1章 总则

　第1条　为提高工作效率，优化派送方案，使配送物品安全、迅速地送达客户手中，特制定本规范。

　第2条　本规范所指派送，是指从配送中心将商品送达客户手中或其指定位置并获得签收的过程。凡派送相关的工作，均依照本规范处理。

第2章 派送前规范

　第3条　在派送出发前，为保证快件派送的准确、准时，应做好一系列的准备工作。

　第4条　仪容整理。

派送人员的仪容仪表关系到公司的形象，派送人员在执行送货作业时，应当按公司规定统一着装，举止、言谈得体，不得出现损害公司形象的行为。

　第5条　工具检查。

派送人员需对相关工具进行检查，以确保行车安全及工具齐全。检查的内容主要包括五方面，见下表所示。

配送工具检查

检查内容	说明
运输工具	运输工具主要有货车、电动车、摩托车、三轮车等，其关系到派送人员的行车安全，应对车辆的电量、油量、启动是否正常等方面进行检查
必备品	必备品是指证件、手机、单据等，检查其是否准备齐全
搬运工具	搬运工具如手推车等，主要在较大型或数量较多商品的配送时使用
辅助工具	辅助工具包括相关证件及工作用具，证件包括工作证、行车证、身份证等，工作用具包括便携式电子秤、雨具、胶带、小刀等
移动扫描工具	主要检查扫描枪的电量是否充足，是否可以进行正常操作

第3章 派送中规范

　第6条　派送人员进行应派送快件的分拣及装车。

　第7条　在派送之前，派送人员应主动与客户联系，并确定快件交接方式。

第 8 条　派送人员送快件至客户手中后,应主动提醒客户当面验收,并指导客户进行签收。

第 9 条　对于无法及时签收的客户,应做好记录,在客户方便时再次进行派送。

第 10 条　货到付款的商品,派送人员应当面确认金额。对于现金支付的,应仔细识别。在商品金额比较大的情况下,则应随身携带 POS 机,减少收取、携带大量现金的不便。

第 4 章　派送后规范

第 11 条　商品移交客户后,派送人员应请客户在票据上签字,其票据和相关款项带回,上交配送中心处理。

第 12 条　商品配送完毕,发现移交有误,要及时报告部门经理,并和客户联系、协调,及时处理补救,减少公司或者客户的损失。

第 13 条　派送后应进行车辆的打扫,对于需充电车辆应及时充电并上锁,以确保第二天的使用及安全。

第 5 章　附则

第 14 条　本规范由公司配送中心制定,总经理办公室审核生效。配送中心对本规范有解释权和修订权。

第 15 条　本规范自审核通过之日起执行。

编制日期		审核日期		批准日期	
修改标记		修改处数		修改日期	

6.1.3.3　配送单据管理制度

下面是配送单据管理制度。

制度名称	配送单据管理制度	编号	
		版本	
执行部门		监督部门		编修部门	

第 1 章　总则

第 1 条　目的。

为达到以下三点目的,特制定本制度。

1. 货物进出有据可依、账实相符、业务真实。
2. 货物保管做到业务真实、登记正确,单据传递及时、准确。
3. 完善公司财务管理制度及业务流程,杜绝财务漏洞及票据安全隐患。

第 2 条　适用范围。

本制度使用于物流配送单据的收入、填制、传送及保管等相关工作。

第 3 条　相关职责。

1. 配送主管负责对单据进行审核,督促下属文员接收、填制、传送及保管相关配送单据,确保配送数据的准确性、及时性。

2. 配送文员负责配送各类单据的编制,及时统计配送数据,实施报表工作,协助查点库存货物,确保账实相符。

第 2 章　录入管理

第 4 条　配送文员在接收单据时严格按"各类单据填写规定"检查单据的完整性、规范性。符合规定的单据接收后签字,不符合规定的一律拒收。

第 5 条　配送文员不得更改任何单据的任何内容,严格遵守凭单录入的原则。

第 6 条　配送文员在录单或核查过程中发现单据内容错误或金额有误时,应及时上报仓储部负责人进行处理,不得私自解决。

第 7 条　配送文员录入单据时,要加盖录入章,收货单加盖收货和录入章。

第 8 条　公司各种单据必须连号使用,存根联单独连号保存,随时备查。

第 3 章　单据流转管理

第 9 条　收货章和录入章不能随便转借他人,不能随意盖印。

第 10 条　单据收银时,应仔细查看单据内容,准确无误收取相关费用,由于疏忽大意少收、漏收、错收造成损失的由当事人负责。

第 11 条　所发生业务必须 24 小时将运单交公司统计做台账或财务做应收、应付款项。逾期未交者,根据造成的财务损失及相关制度实施惩罚。

第 4 章　单据保管管理

第 12 条　单据装订。

1. 当天录入的单据分种类装订成册后,贴上封皮,注明单据种类、日期,收货单要有订单起止号,以及每日份数,分单据种类整齐放在档案柜留存。

2. 录入的收货单按订单号从小到大顺序每天装订成册,每册以每天入库单单证号码由大到小顺序排列,并审核确保单证签字完整。

3. 每册须装订封面,在封面上标识记录名称、单证起止日期、单证起止号码、编号。

第 13 条　录入存放的档案可以查阅,不能私自带走或撕联,没有相关手续不能复印单据。

第 14 条　所有单据应由专人保管,严格执行领单制度,配送文员应对票据负责,一本单据用完后,应凭完整存根联领取新票,开错联应四联完整,并注明作废。

第 5 章　附则

第 15 条　本制度由配送部制定,配送部保留对本制度的修订权和解释权。

第 16 条　本制度经公司总经理审批通过后生效。

编制日期		审核日期		批准日期	
修改标记		修改处数		修改日期	

6.1.3.4 配送交接管理制度

下面是配送交接管理制度。

制度名称	配送交接管理制度	编号	
		版本	
执行部门		监督部门		编修部门	

第 1 条 目的。

为了提高配送工作效率,明确相关责任,规范配送交接管理,结合公司实际情况,特制定本制度。

第 2 条 适用范围。

本制度适用于公司配送交接管理工作。

第 3 条 配送凭证说明。

1. 货物凭证为一式四联的配送单,一联为配送中心存根,一联为财务部记账凭证,一联为客户收货凭证,一联为配送人员保存。
2. 各经办人员须在配送单上签字,特殊情况下可事后进行补签。

第 4 条 制订配送计划并办理出库手续。

1. 配送部凭配货单及客户要求,进行均衡调配,制订配送计划,经批准后办理配送手续。
2. 公司仓储部门凭批准后的发货凭证办理货物出库手续。

第 5 条 信息录入。

业务人员应向配送部提供客户的收货地址、收货人姓名及联系方式等基本信息,配送部应将客户资料录入电脑以进行存档。

第 6 条 配送跟踪。

货物发出后,配送部应随时跟进并核实货物的配送情况,及时通过客户做好收货凭证的回签工作。配送人员需向财务部门提交标有客户签字或盖章收货凭证,以便进行结算。

第 7 条 配送通知。

配送人员根据客户提供的地址进行配送作业,并在到达目的前与客户进行联系,以保证客户能够亲自验货并为提货做准备。

第 8 条 客户验货。

配送人员应允许客户对货物及配送凭证进行复核及验收。若客户认为货物存在因包装或因运输而造成的相关问题,配送人员应对其进行确认,并将该情况上报至配送中心主管,以划分质量责任。

第 9 条 退货处理意见。

若货物因质量原因或其他原因造成客户退货的,配送人员应向公司提交退货申请,并详细说明退货原因及理由,经确认批准后,可按相关程序向仓储部或财务部门办理退货。

第 10 条 损坏补偿。

1. 配送主管根据客户意见及货物损坏程度制定货损补偿方案,并上交配送经理进行审核。

待方案通过后,交由配送人员进行处理。

2. 公司对货物因存储及运输不当造成损失而进行的补偿,原则不超过货物价值的五倍。

第 11 条 货物签收。

若货物经客户验收无问题,或客户同意公司的补偿方案后,配送人员应要求客户对货物进行签收,并客户组织相关人员进行提货。

第 12 条 配货凭证提交。

配送人员未能在规定的时间内向财务部门提交标有客户签字或盖章的收货凭证,每单扣发薪资 50 元,并承担由此造成的经济损失。

第 13 条 本制度由配送部制定,其解释权及修改权归配送部所有。

第 14 条 本制度经公司总经理审核通过,自颁布之日起实施。

编制日期		审核日期		批准日期	
修改标记		修改处数		修改日期	

6.1.3.5 客户投诉管理办法

下面是客户投诉管理办法。

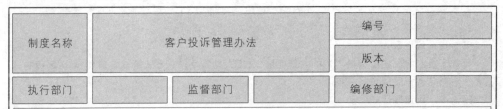

第 1 章 总则

第 1 条 目的。

为规范客户投诉处理程序,并通过处理客户投诉优化公司服务质量,从而提高企业形象,特制定本办法。

第 2 条 范围。

本制度适用于客户投诉的处理实施工作。

第 2 章 投诉类型与程度

第 3 条 投诉类型。

1. 业务投诉,主要由公司业务配送上的差错引起的,主要分为:货损、货差、货物延迟配送、货物寄错问题及其他类型的投诉等。

(1)货损类投诉:货物潮湿、外包装破损、内物破损等。

(2)货差类投诉:公司内部丢货、汽车网点丢货、空运网点丢货。

(3)时效延误类投诉:中转不及时、分拨不及时、配载不及时、送货不及时、通知提货不及时等。

(4) 业务差错类投诉:开单差错、标签错误、信息反馈不及时、虚假签收等。
(5) 理赔类投诉:理赔时效不及时、理赔结果不满意。
2. 服务态度投诉,主要是指客户对配送人员的语言、行为、态度等服务礼仪不满而引起的投诉。
第 4 条 投诉程度。
业务投诉程度划分的具体内容见下表。

业务投诉程度划分

程度	说明
一般投诉	指投诉事项属实且事态比较一般,未造成公司利益损失或损失金额在____元以内的投诉
中度投诉	指投诉事项属实且造成公司利益损失或损失金额在____元以内的投诉
重度投诉	指投诉事项属实且造成客户多次投诉,严重不满;或造成公司利益损失或损失金额在____元以上的投诉

第 5 条 服务态度投诉。
服务态度投诉程度划分标准见下表。

服务态度投诉程度划分

程度	情形
一般投诉	①接听或挂断电话没有使用公司标准服务用语的,通话过程中离开未作任何解释将客户电话撂在一边的 ②当客户查询货物时,不接受查询,有的接受查询后不回复,敷衍了事
中度投诉	①通话未结束、主动挂断电话 ②语气粗暴、服务意识差 ③当面指责客户及评价客户的缺点
重度投诉	①与客户发生争吵的 ②与客户发生言语冲突,用言语行为进行威胁 ③与客户发生肢体冲突,打架者

第 3 章 投诉处理时效

对于客户的投诉,各部门应通力合作,迅速做出反应,力争在最短的时间内全面解决问题,给客户满意的答复。
第 6 条 业务投诉时效。
(1) 一般投诉:接到客户投诉起____个工作日内处理完毕。
(2) 中度投诉:接到客户投诉起____个工作日内处理完毕。
(3) 重度投诉:接到客户投诉起____个工作日内处理完毕。

第 7 条 服务态度投诉时效。

接到客户投诉起____个工作日内处理完毕。

第 4 章 投诉处理流程

第 8 条 客户投诉处理流程。

1. 客户投诉的接收。

当客户的投诉以信函、传真、邮件、拜访或由相关人员携带的方式到达公司时,由配送部或客服部接收,并将其统一汇总登记(见附表1)。

2. 客户投诉的调查。

配送部或客服部根据客户投诉的内容对其进行调查分析,并依据调查和分析的结果判定其责任归属。

3. 客户投诉的责任判定。

(1)顾客本身的原因。

经调查分析,如客户投诉为顾客本身的原因造成的,则客服部门直接记录回复说明,经管理者代表或总经理审查核准后,直接由配送部或客服部回复顾客说明。

(2)配送人员原因。

如客户投诉为配送人员原因造成,则客户部通知配送部;如果错误比较严重,召开客户投诉检讨会等。

4. 客户投诉的纠正与预防措施。

相关责任单位根据客户投诉的主要原因拟定纠正与预防措施,防止类似事件的再次发生,并根据实际情况填写《客户投诉处理单》(见附表2),及时反馈到相关部门,并由相关部门签署意见。

5. 提交主管领导批示。

配送部将受理责任人拟定的处理方案呈交主管审批,结合经理的建议,根据实际情况,采取一切可能的措施,挽回已经出现的损失。

6. 实施处理方案,处罚直接责任者。

(1)行政罚扣折算。

① 警告一次,罚扣____元以上。

② 记过一次,罚扣____元以上。

③ 大过以上者,当月效益奖金全额罚扣。

(2)以上处分原则,执行时由配送部经理室依应受处分人及情节的轻重,确定以签呈会责任部门,并呈总经理核示后由人事单位公布。

第 9 条 客户回访。

投诉处理完毕后的____个工作日内,由公司客户服务部对客户进行回访。

第 5 章 附则

第 10 条 本制度未尽事宜参照公司相关规定执行。

第 11 条 本制度由公司配送部负责起草和修订,经公司总经理审批后生效。

附表1:客户投诉登记表。

附表2:客户投诉处理单。

续表

附表 1 客户投诉登记表

投诉客户名称		地址	
投诉日期		编号	
投诉事由			
客户要求			
部门意见	受理部门		
	责任部门		

附表 2 客户投诉处理单

客户姓名		联系方式	
投诉时间		投诉类型	

客户投诉内容记录

受理部门		受理人		电话	

处理意见

总经理批示

编制日期		审核日期		批准日期	
修改标记		修改处数		修改日期	

6.1.3.6　配送车辆管理制度

下面是配送车辆管理制度。

制度名称	配送车辆管理制度	编号	
		版本	
执行部门		监督部门		编修部门	

第1章 总则

第1条 目的。

为了加强对运输车辆的管理力度,提高车辆的运营效率,达到安全运输的工作目标,特制定本制度。

第2条 适用范围。

本制度适用于公司用于内部运输车辆的购置、使用、调度及维修保管等工作。

第2章 车辆使用管理

第3条 接受任务与路线选择。

运输部接到"运输通知单"后,调度员应及时统计"运输通知单"中的货物信息,并根据货物运输情况选择或设计运输路线,并及时输出派车单分派任务。

第4条 车辆安排。

调度员根据货物运输目的地和货量大小、重量、体积等挑选合适的运输车辆,并及时输出派车单交给指定驾驶员,并要求其进行运输准备。

第5条 驾驶员安排。

____公里以上的长途运输,原则上应安排两位驾驶员,以确保行车安全。

第6条 车辆在途管理。

调度员应与运输人员进行电话沟通,及时掌握运输车辆运行情况,保证货物运输能及时完成。

第7条 行车情况报告。

货物运输过程中,驾驶员要将途中发生的异常情况及时告知调度员,调度员应结合实际情况对运输路线进行调整、补派车辆、对所发生的事故进行处理。

第3章 车辆安全管理

第8条 驾驶员须具备配送中心相应车辆的有效证件和健康的身体。

第9条 配送车辆统一由公司调度员安排。

第10条 驾驶员行车前须对车辆进行检查(如机油、轮胎、外观等),确保行车安全。

第11条 驾驶员必须严格依照"派车单"出车,每次行车须认真、完整填写"行车记录表"。

第12条 驾驶员行车中必须严格遵守交通规则,因违反交通规则、酒后驾车等造成的损失由责任者自负。

第4章 车辆油耗与费用管理

第13条 加油管理。

1. 运输车辆使用公司统一办理的油卡到指定加油站进行加油。
2. 加油卡实行一车一卡管理,严禁互通使用。
3. 严禁驾驶员另携带容器加油。

第 14 条　油耗控制。

1. 汽运主管为车辆用油的管理责任人,应随时掌握各汽车的耗油标准,确定每百公里耗油的定额指标,在汽运团队内实行节约有奖、超额受罚的管理方法,调动驾驶员节约油耗的积极性。

2. 汽运主管需要组织统计人员对车辆按月统计行车公里数和汽油的消耗情况,在定额之内的按实际节约金额提取____%作为驾驶员的节约奖金,超过定额____%的,应进行相应的处罚。

3. 汽运主管对于油耗异常情况要及时进行调查和询问,确定异常原因非人为后,对于驾驶员的惩罚应酌情予以减免,并编写书面报告说明相关情况。

第 15 条　费用预算管理。

调度员对部门运输车辆固定支出情况进行预算,编制"运输车辆费用预算表"并上报财务部进行审核,审批通过后,调度员对车辆的固定费用进行管理。

第 16 条　日常费用支出管理。

1. 调度员根据"运输车辆预算表"对车辆日常费用支出进行费用控制。

2. 驾驶员对其负责的车辆所支出的非固定费用要填写"车辆费用报销单"并交其车辆调度员签字后,由运输经理对车辆日常费用报销进行审批。

3. 调度员每月应填写"车辆费用支出月报表"对车辆月支出费用进行汇总统计,以便日后控制。

第 5 章　车辆保养与维修

第 17 条　车辆保养。

1. 驾驶员应随时注意车辆卫生情况,并进行日常清洗。调度员应定期对车辆卫生情况进行检查,运输主管应不定期进行检查。

2. 调度员根据车辆档案记录决定车辆保养周期,并交代车辆负责驾驶员将车辆送到指定的地点进行保养。

3. 车辆经过定期保养后,驾驶员应与调度员填写"车辆保养维修记录表"并将其保存在车辆档案中,以便日后查看。

第 18 条　车辆维修。

1. 运输车辆出现问题是,驾驶员应及时告知调度员申请车辆维修,车辆维修原则上必须在公司指定的修理厂进行。

2. 运输过程中车辆出现故障需要维修的,采取就近原则,驾驶员必须保存好修理记录单和收据,以便报销。

3. 金额在____元以上的维修,必须报调度经理批准,其余维修本着节约成本的原则,尽可能减少支出。

4. 驾驶员在维修完成后及时填写"车辆保养维修记录表",详细记录车辆维修原因、费用、项目等信息,并进行备案。

第 6 章　附则

第 19 条　无运输任务的车辆一律停放在公司内,不得私用。

第 20 条　本制度由总经办制定,并负责该细则的修订与解释工作。

编制日期		审核日期		批准日期	
修改标记		修改处数		修改日期	

6.1.3.7 配送人员培训实施管理制度

下面是配送人员培训实施管理制度。

制度名称	配送人员培训实施管理制度	编号	
		版本	
执行部门		监督部门		编修部门	

第 1 条 目的。
为提高配送人员工作能力,改善员工绩效,特制定本制度。
第 2 条 适用范围。
本制度适用于配送部人员的培训。
第 3 条 管理职责。
1. 人力资源部权责。
(1)制定配送部门的培训制度与计划。
(2)组织培训计划的实施。
(3)负责记录配送部门的各项培训
2. 配送部权责。
(1)负责组织配送人员进行培训。
(2)负责配送人员进行培训效果的考核。
第 4 条 培训内容。
配送人员的培训内容主要包括岗位职责、服务规范、服务技能、相关法律法规及交通安全知识等。培训内容见下表。

培训内容

培训内容	内容说明
岗位职责	岗位工作内容与要求介绍
服务规范	①配送人员形象礼仪管理 ②配送人员语言礼仪管理 ③配送人员行为礼仪管理
服务技能	①运单填写规范 ②快件处理
相关法律法规及交通安全知识	①与快递服务业相关的法律法规知识培训 ②交通安全培训

第 5 条 培训形式及方法。
1. 培训形式。
快递人员培训形式与培训内容一览表如下表所示。

续表

快递人员培训形式与培训内容一览表	
培训形式	适用于培训的内容
在职培训	通过日常操作指导、班前或班后会议、服务技巧讨论等方法进行培训
岗位轮换	有计划地组织员工互相轮换岗位实习,帮助提高内部交接、处理能力
自学	创造学习氛围,帮助员工发现服务或处理过程中的问题,并帮助其进行思考,解决问题
离岗培训	组织员工参加收派业务培训班、中转处理业务培训班,或到其他公司考察学习

2. 培训方法。

对配送人员的培训,可采取讲授、操作示范、角色扮演等方式进行。

第 6 条　培训评估。

对配送人员的培训评估,可以从反应层评估(学员反应)、学习层评估(学习效果)、行为层评估(学员行为的改变)、绩效层评估(培训产生的效果)这四个层面进行。

第 7 条　附则。

1. 本制度未尽事宜参照公司相关规定执行。
2. 本制度由公司配送部负责起草和修订,经公司总经理审批后生效。

编制日期		审核日期		批准日期	
修改标记		修改处数		修改日期	
编制日期		审核日期		批准日期	

6.1.3.8　配送人员奖惩制度

下面是配送人员奖惩制度。

制度名称	配送人员奖惩制度		编号	
^	^		版本	
执行部门		监督部门	编修部门	

第 1 条　目的。
为更好地规范员工的行为,鼓励和鞭策广大员工奋发向上,提升工作效率,特制定本制度。

第 2 条　适用范围。
公司全体配送人员。

第 3 条 奖惩原则。

配送部奖惩规定本着公平、合理、公正、有效的原则进行处理,起到激励、惩罚、指导、纠正的作用。

第 4 条 奖惩类别与标准。

1. 奖励。

配送企业对员工的奖励分为通报表扬、嘉奖、记功、记大功等,四种奖励分别给予的奖金是____元、____元、____元、____元。

(1)通报表扬:对于日常工作表现优者给予"书面表扬"。

①全年满勤,无迟到、早退、病、事假者。

②品行端正,工作认真负责,高质高效地完成任务者。

③注意仪容仪表,讲究礼节礼貌,言行文明,受到客户表扬者。

(2)嘉奖:对于日常工作表现突出者给予嘉奖。

①认同公司文化、品行端正、恪尽职守、堪为全体员工楷模的配送人员。

②在公司年度考核当中,获得前三名的配送人员。

③在本职岗位工作表现优秀者,被评为"年度优秀员工"的配送人员。

(3)记功:对于在工作上有特殊贡献者给予"记功"。

①工作努力,业务纯熟,能适时完成重大或特殊交办任务者。

②在社会和公司内部助人为乐的,为公司增添荣誉者。

(4)大功:对于在工作上有特大贡献者给予"大功"。

①遇有灾害或意外事故,能够奋不顾身、不避危难,极力抢救并减少货物损失者。

②提交改良建议,大幅提升了公司的盈利水平者。

③检举、揭发各类严重违规或恶意损害公司利益者的行为,经公司确认的配送人员。

2. 惩罚。

配送企业对员工的惩罚包括警告、通报批评、记过、记大过等处罚,警告不罚款,后三项扣除考核奖金分别为____元、____元、____元。

(1)警告:对于日常工作表现欠佳者给予"警告"处分。

①上班时间擅自脱岗____小时以内的配送人员。

②不注意仪容仪表,影响公司形象者。

(2)通报批评:对于日常工作表现差、不按照配送部管理规定执行者给予记"通报批评"处分。

①因疏忽大意或使用不当导致设备、物资遗失,情节轻微者。

②因责任心不强导致工作受到延误或项目不能正常进行,情节轻微者。

(3)记过:对于违反配送部管理规定且损害公司利益者给予"记过"处分。

①工作时间酗酒者,或在公司聚众赌博者。

②未及时完成公司交办的派件任务,给公司造成损失者。

③接到____%的客户的投诉者。

续表

(4)记大过:对于严重违反配送部管理规定且给公司造成重大损失者,给予"记大过"处分。
①漏泄公司机密,给公司造成重大损失者。
②其他严重违反配送部管理规定且给公司造成损害者。

第 5 条　附则。

1. 原有的相关制度与本规定有相抵触时,则以本规定为准。原有的相关制度同时废止。
2. 本规定由公司配送中心责任人负责解释。

附表:奖惩通知单。

奖惩通知单

□奖励　□惩罚　　　　　　　　　　　填写日期:　　年　　月　　日

姓名		部门		岗位	
奖惩事由					
奖惩措施					
部门经理意见			签字:　日期:　年　月　日		
人力资源部意见			签字:　日期:　年　月　日		
总经理意见			签字:　日期:　年　月　日		

编制日期		审核日期		批准日期	
修改标记		修改处数		修改日期	

6.2 配送人员管理流程设计

配送人员管理流程设计是配送企业通过合理的规划、周密的计划等来实现控制风险，降低成本，提高配送人员的服务质量、工作效率的目的的过程。它在企业的管理过程中有着举足轻重的地位，它主要包括配送人员管理流程体系设计、配送人员管理流程制度设计、配送人员管理流程设计模板等。

6.2.1 配送人员管理流程体系设计

体系指一定范围内或同类的事物按照一定的秩序和内部联系组合而成的整体。配送人员管理流程体系设计是将配送人员按照一定的体系和内部联系组合而成的整体设计，它主要包括配送人员业务规划流程体系、配送人员客户管理流程体系、配送人员货物管理流程体系。配送人员管理流程体系设计流程图如图 6-2 所示。

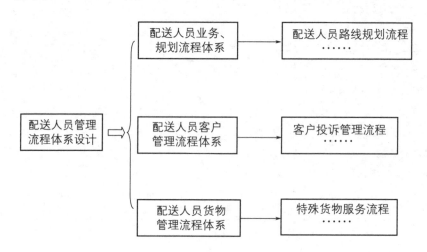

图 6-2　配送人员管理流程体系设计流程图

6.2.1.1 配送人员业务规划流程体系

配送业务是指物流企业按照用户订单或配送协议进行配货，在用户指定的时间内，将符合要求的货物送达指定地点的一种方式。配送人员业务流程体系主要包括配送人员线路规划、配送人员派件管理等内容。

(1) 配送人员线路规划流程

配送线路的规划问题是配送工作的主要问题之一。采用科学合理的方法来确定配送路线是配送活动中非常重要的一项工作。

(2) 配送人员派件管理流程

派件管理是配送部门最基础的工作，也是最重要的工作。配送派件管理流程需对配送过程管理、突发事件处理等内容进行清晰的说明。

(3) 配送车辆调度管理流程

规范公司的车辆管理能降低车辆管理的费用，减少不必要的消耗，提高货物配送效率。

6.2.1.2 配送人员客户管理流程体系

为提供更好的服务，配送企业在客户管理工作方面，需对客户投诉、客户开发、客户的回访等环节制定出规范的工作流程。

(1) 客户的投诉管理流程

客户投诉是指客户对企业产品质量或服务上的不满意，而提出的书面或口头上的不满、索赔和要求解决问题等行为。配送企业通过制定规范的流程与工作标准，来提升客户投诉处理效果。

(2) 客户的开发管理流程

在竞争激烈的市场中，能否通过有效的方法获取客户资源是企业得以持续发展的关键。因此加强客户开发管理对企业的发展至关重要。客户的开发管理流程主要包括潜在客户开发管理、流失客户再开发管理等内容。

(3) 客户的回访管理流程

客户回访是企业用来进行产品或服务满意度调查、客户消费行为调查、对客户进行维系的常用方法。客户回访是客户服务的重要内容，做好客户回访是提升客户满意度的重要方法。客户的回访管理流程体系包括客户回访技巧管理、客户回访方式管理等。

6.2.1.3 配送人员货物管理流程体系

(1) 特殊货物服务流程

特殊货物主要是指对货物的存储及运输有特殊要求的货物，即指贵重货物及危险货物等。它属于为客户提供专业化、个性化服务的范畴，可以满足高端客户的需求。

(2) 货物丢失损坏赔偿管理流程

货物丢失损坏主要是指货物在配送途中因为包装或者交通的原因而造成的破损以及丢失，给客户和公司造成损失，为了避免出现这种情况，配送企业需构建完善的流程，用以减少损失。

6.2.2 配送人员管理流程制度设计

配送企业为了实现规范化、精细化的管理，就必须构建出一套完善的管理流程。为了提升流程的执行效果，流程就需要有配套的管控制度。结合配送人员的工作内容，表 6-1 对配送工作的关键流程及其配套的管控制度进行了简要的说明。

表 6-1 配送人员管理流程制度设计

流程体系	流程	流程概述(目的)	管控制度
配送人员业务规划流程体系	配送线路规划流程	企业在配送过程为了实现路线最短、效益最大、成本最低这个目的，需要对配送线路进行合理的规划	配送路线优化管理制度
	配送人员派件管理流程	派件管理对于规范配送货物,保证货物按时、按质、按量到达,提高货物配送效率,节约成本起着重要作用	派件管理规范
	配送车辆调度管理流程	规范公司的车辆管理能降低车辆管理的费用，减少不必要的消耗，提高货物配送效率。	配送车辆安全管理
配送人员客户管理流程体系	客户的投诉管理流程	为了提高客户投诉处理效率,保证顾客投诉工作得到顺利妥善的处理,企业需要制定客户投诉管控制度	客户投诉管理办法
	客户的回访管理流程	客户回访有助于企业了解客户对产品或服务的态度,以改进或挖掘潜在的客户需求	客户满意度调查管理制度
	客户的开发管理流程	客户开发是为了扩大企业的市场占有率,扩大竞争力,增加自己的客户资源	客户开发管理办法
配送人员货物管理流程体系	特殊货物服务流程	除了向客户提供专业化、个性化的服务,也可加强对特殊物品的管理,规范配送人员的操作等	特殊货物服务管理规定
	货物丢失损坏赔偿管理流程	为了进一步规范物品丢失损坏管理工作,快捷有效地处理客户提出的赔偿要求,提高企业的信誉	货物丢失损坏赔偿管理规定

6.2.3 配送人员管理流程设计模板

6.2.3.1 配送人员线路规划流程

配送人员线路规划流程如图 6-3 所示。

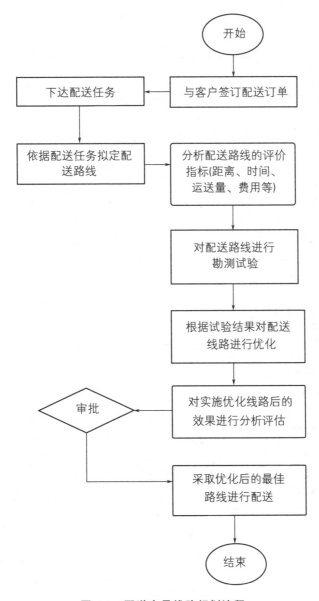

图 6-3 配送人员线路规划流程

6.2.3.2 货物配送流程

货物配送流程如图 6-4 所示。

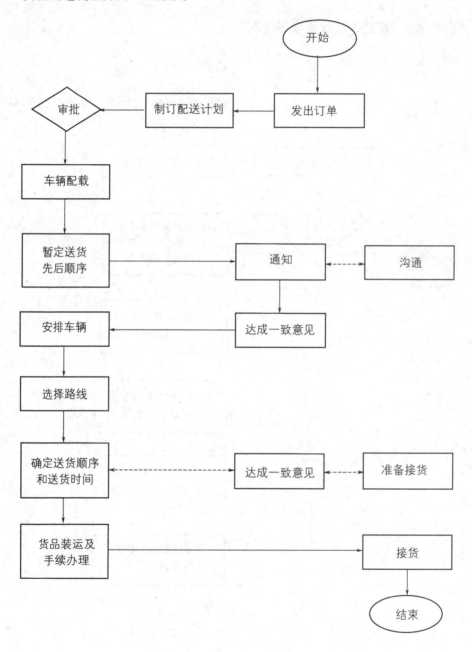

图 6-4 货物配送流程

6.2.3.3 配送车辆调度管理流程

配送车辆调度管理流程如图 6-5 所示。

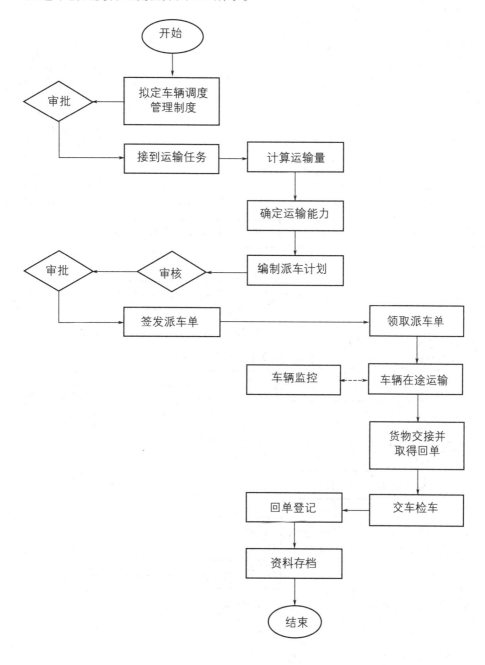

图 6-5 配送车辆调度管理流程

6.2.3.4 配送货物丢失损坏赔偿流程

配送货物丢失损坏赔偿流程如图 6-6 所示。

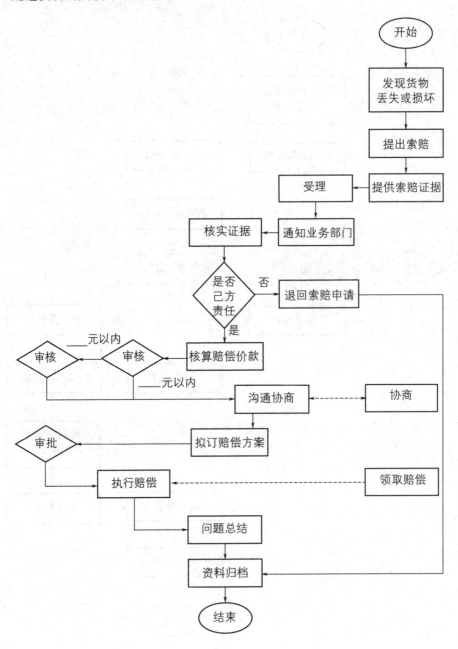

图 6-6 配送货物丢失损坏赔偿流程

6.2.3.5 配送货物交接流程

配送货物交接流程如图 6-7 所示。

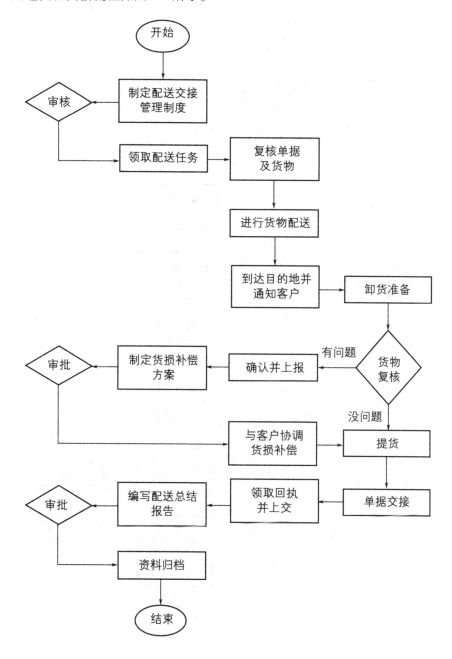

图 6-7 配送货物交接流程

6.2.3.6 客户开发管理流程

客户开发管理流程如图 6-8 所示。

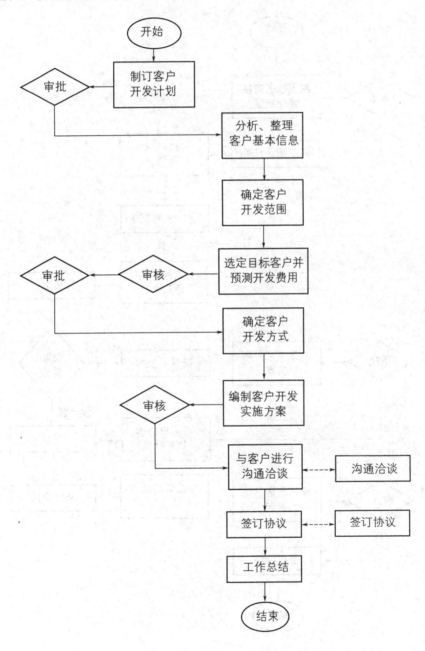

图 6-8 客户开发管理流程

6.2.3.7 客户投诉管理流程

客户投诉管理流程如图 6-9 所示。

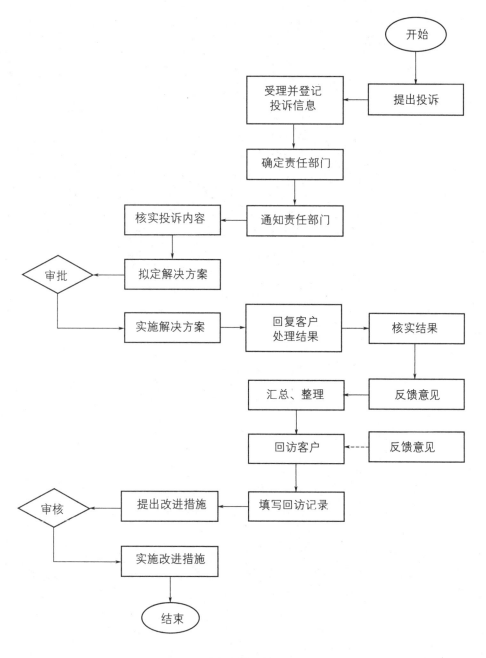

图 6-9 客户投诉管理流程

第7章

配送人员服务礼仪与规范

7.1 配送服务的要求

7.1.1 配送服务礼仪

人们在相互交往的过程中,应互相尊重,展现友好的言行规范,体现自己的文明程度。对于配送人员,尤其是与客户直接接触的收派件人员,他们的服务礼仪对于其工作的质量高低具有重大的影响。此外,对于维护企业形象、推进企业发展也具有重要的作用。

7.1.1.1 仪容仪表

配送人员应重视个人仪容仪表,服饰搭配协调得体,打扮和身份、年龄、场合、地点等相协调。其具体的仪容仪表要求如下。

(1) 面部卫生要求

① 男士每日刮净胡子,不留胡须,保持清洁。

② 脸部不留任何污垢迹象。

③ 保持眼睛的透彻明亮,注意眼角分泌物的清理。

④ 佩戴眼镜时要使眼镜镜片保持明亮、清洁。

⑤ 女士在工作中尽量化淡妆。

(2) 口腔卫生要求

① 保持口腔的清洁,没有异味。

② 在用餐与吸烟后要及时漱口。

③ 上班时间内,不食用味重食物,以免在口腔留下怪异气味。

④ 上班时间不要大量吸烟,以免长期严重烟味使得口腔内烟熏味很重。

⑤ 保持牙齿的清洁与健康,不要留有牙垢和饭后残留物。

(3) 着装要求

① 着公司统一服装,保持服装整齐与清洁,禁穿破损服装。

② 佩戴公司统一工作牌与背挎公司统一的工包。

③ 不佩戴形状怪异的项链。

④ 腰系与服装颜色相匹配颜色的裤带,不系怪异的裤带。

⑤ 不能穿拖鞋,穿与工作服装的款式、颜色相匹配的鞋子。

(4) 头发卫生要求

① 男士头发长短要适中,前不盖额、侧不掩耳、后不及领。

② 女士头发要便于打理。

③ 勤洗头,保持头发无异味,无头屑。

④ 保持头发整齐,经常梳理,尽量不染发。

⑤ 不留超前卫的发型。

(5) 耳部卫生要求

① 耳廓、耳根经常清洁,不留有污垢。

② 耳孔经常清理,不留分泌物在耳孔外部。

(6) 手部卫生要求

① 勤洗手,保持手部清洁干净。

② 经常修剪指甲,保持整齐,指甲盖内保持清洁。

③ 不得戴超过一枚以上戒指,不戴形状怪异的戒指。

④ 手腕上不得戴造型怪异饰品。

7.1.1.2 仪态礼仪

仪态也叫仪姿、姿态,泛指人们身体所呈现出的各种姿态,它包括举止动作、神态表情和相对静止的体态。俗话说"站有站相,坐有坐相",人的坐、卧、行等,都要有一定的规矩。这些规矩最能够反映出人的精神面貌。下面主要对配送人员的站姿、坐姿、行姿的基本要求加以说明。

(1) 站姿的要求

① 脸部表情流露自然微笑,双手手心向内自然地放于大腿外侧,同时自然地并拢手指,并稍稍自然弯曲。

② 站立时不要东张西望、摇头晃脑,双手双脚不要频繁地移动或者频繁变换动作。

③ 站立时间过久可以适当地做稍息,也可适当变化动作,但不要过大和夸张,更不能突然放松。

④ 女生站立时,双脚并拢身体稍做前倾,收腹挺胸,双手稍稍抱拳一上一下并拢自然垂放于腹部。

⑤ 男士站立时双脚自然分开约与肩同宽,身体正直稍微前倾,挺胸收腹腰板直,头部要摆正。

⑥ 遇有客户打招呼时要稍做弯腰、适度点头表示问候。

(2) 坐姿

坐姿是指人就座时和坐定后的一系列动作和姿态,标准坐姿的基本要求如下。

① 就座时，从左侧走向座位，然后落座。
② 双脚平行微微分开放好，膝盖弯曲近似90度角，不能跷起"二郎腿"。
③ 坐下时身体要保持挺直，要挺胸直腰，不能含胸弓背，也不要背靠着椅子或是墙壁，同样，脑袋要端正，不要东张西望或者耷拉脑袋。
④ 双手手心向下稍做弯曲自然地放在膝盖上，不要将双手叉腰、放口袋或是抱胸而坐。
⑤ 与客户谈话时，身体要在前倾的基础上再稍微前倾，表示在认真仔细地听讲。
⑥ 如遇客户打招呼时要主动站立。
⑦ 坐久需要挪动时动作要小，或者可以站立走到不影响他人工作的地方稍做站立再坐回，当然，不能来回走动以免影响他人工作。
⑧ 女生坐下时双腿要并拢，小腿可做稍稍斜度摆放，双手自然大方地摆放在腹部。
⑨ 离座时起身动作应轻缓，保持上身是直立状态，将右脚向后收半步而后站起，待站定后从座位的左侧离去。

（3）行姿

① 头要正，腰要直，眼睛正视前方。
② 脚步距离、频次适中，动作协调。
③ 身体挺拔不摇晃，走成直线。
④ 遇熟人或客户主动打招呼。
⑤ 遵守交通规则，留意周边环境。
⑥ 落落大方、双手自然摆动。

7.1.1.3 言谈礼仪

言谈就是语言，它能够反映人的文化素养、道德品质、逻辑思维、表述能力、交往能力等诸多内在的基本素质。善于使用规范的语言，运用丰富的语言技巧，达到相互沟通的目的，是对人基本素质的要求。

配送人员工作以人为服务主体，必须了解语言沟通的内涵，运用好沟通形式及相应的称谓、用词、语气等，还需用好形体语言，掌握语言技巧。交谈礼仪的基本要求如图7-1所示。

7.1.2 配送服务规范

服务规范即岗位礼仪或岗位规范，是指配送人员在工作岗位上进行客户服务时应当遵守的行为规范和范例。简单地说，就是配送人员在服务客户时标准的、正确

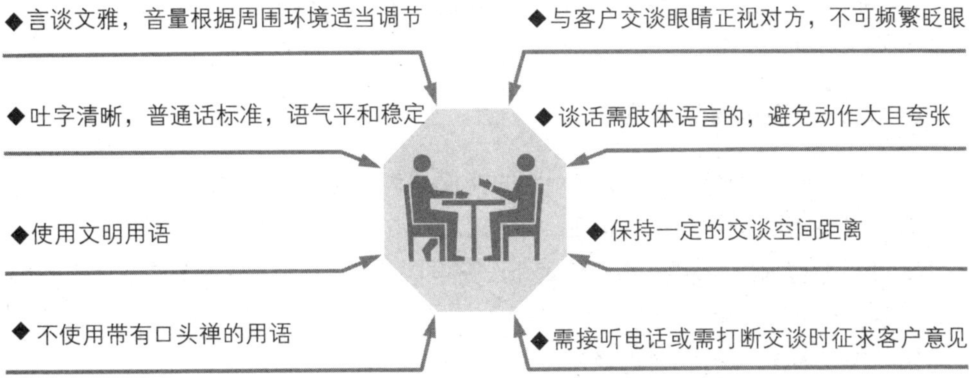

◆ 言谈文雅，音量根据周围环境适当调节　　◆ 与客户交谈眼睛正视对方，不可频繁眨眼

◆ 吐字清晰，普通话标准，语气平和稳定　　◆ 谈话需肢体语言的，避免动作大且夸张

◆ 使用文明用语　　◆ 保持一定的交谈空间距离

◆ 不使用带有口头禅的用语　　◆ 需接听电话或需打断交谈时征求客户意见

图 7-1　标准交谈礼仪

的做法。

结合《快递服务》国家标准及《快递业务操作指导规范》等相关规定，配送人员的服务规范主要有以下内容。

7.1.2.1　准备工作规范

在进行快件派送前，配送人员应做好以下准备工作。
① 准确交接快件，并核实快件的数量、重量，检查包装是否完好。
② 填制快件派送交接单，判断快件地址是否准确、详细。
③ 按照投送范围进行分拣，按照派送路段进行排序。
④ 选择合理的派送路线。
⑤ 按规定准备、检查运输工具及用品用具。
⑥ 按规范着装，整理仪表。
⑦ 携带齐通信工具，以便随时安排快件的派送。

7.1.2.2　等待进门规范

在到达客户单位或小区时，应主动出示工牌，并礼貌地进行自我介绍。如"您好，我是××公司的配送人员，我是来给××先生/女士收/派件的。"

如果需要进行登记，应主动将车辆停放至指定位置，以免妨碍他人进出，并主动办理相关进出入登记手续。

在进入客户房间或者工作地点时，应首先敲门或按门铃等待，并礼貌询问："请问有人吗？"或"请问××先生/女士在吗？"，待客户允许后方可进入。

7.1.2.3　进门规范

如果是进入客户家中，应首先穿上鞋套，保持客户家地板的整洁。如果遇到下雨天，应将雨衣、雨伞等雨具放在门外。在进入客户家中或办公区之后，不应东张西望、靠在门框上等。

7.1.2.4 递送物品规范

在进行物品的递送时，应注意一定的礼仪。其主要有以下规范。

① 在递送时，动作轻巧、优雅，不能粗蛮。

② 手持物品时，可根据其具体重量、形状及易碎与否，采用不同的手势，既可以双手，也可以只用一只手。

③ 若双方相距过远，递物者理当主动走近接物者。

④ 配送人员在递物与人时，应为对方留出便于接取物品的地方，不要让其感到接物无从下手。

7.1.2.5 验收规范

在客户拿到包裹时，应告诉客户"这是您的包裹，请您确认一下"，确认无误之后，指导客户在快运单上签字。若客户对订单有疑义，应礼貌提醒客户："请您和发件单位再联系确认一下好吗？"。

如果在验收过程中发现商品质量损坏、货品价格出错、货品数量不符等情况，应主动帮客户做好登记。如果客户拒绝签收，应不卑不亢、有礼有节地向客户进行解释，并及时与公司联系，寻求相应的解决办法。

7.1.2.6 快件代寄规范

如果碰上需要代寄服务的客户，则应询问客户，"××先生/女士，这是您要寄的快件吗？"双手接过快件，并对快件进行验视及称重以确认运费。此后，将运单递给客户，并指导客户进行运单的填写，遇上客户不清楚的地方，应语言流畅、吐字清晰地作出合理解释。

7.2 配送人员内部服务规范

7.2.1 配送人员内部取货服务规范

下面是配送人员内部取货服务规范。

制度名称	配送人员内部取货服务规范	编号	
		版本	
执行部门		监督部门		编修部门	

第1条 目的。

为了规范配送人员内部取货的行为,特制定本规范。

第2条 适用范围。

本规范适用于所有配送人员内部取货的服务工作。

第3条 配送人员内部取货服务规范。

1. 配送人员在派单人员处领取当天需配送的派货清单。

配送人员接到派件清单(如下表所示)后,要仔细查看派件清单,需注意以下几点。

(1)规格、数量是否正确无误。

(2)货款是否已收(是否有余款要收)。

(3)明确是部分送货还是全部送货。

(4)根据派件清单,结合部门主管的安排,调配送货单的先后顺序,合理安排行程。

派件清单

序号	运单单号	重量	运费	付款方式	数量	派送时间	接收人	快件异常说明

说明:本单一式两联,抄写、签字完毕后,一联交给快件处理人员,一联由配送人员留底保留。

2. 配送人员领取派件清单后到仓管员处提货。

配送人员提货时,要遵循"先进先出"的原则,安排好客户货物的摆放顺序,要和仓管员点清货物数量、规格。如果发现提取的货物与清单上有出入,应礼貌友好地跟仓管员沟通,切忌发生争执。

示例:"您好,×××,我还有一件××快件未领取,麻烦您帮忙看下,可以吗?"

续表

3. 配送人员提货后到快件处理人员处进行交接。						
（1）首先需要核对快件的数量,具体内容包括核对总件数、核对一票多件快件的件数、核对代收货款快件的件数、核对保价快件的件数。						
（2）然后检查快件是否有液体渗漏情况、快件外包装封口情况、快件运单状态及运单信息状况以及快件收件人地址是否清晰等。						
如果配送地址超出自身负责的配送区域,应立即与快件处理人员沟通,及时转交给所属区域的配送员,在派件清单上注明"已转交×××",并要求相关区域的配送员签字确认。						
示例:"您好,×××,我是配送员×××,我所领取的××快件所在地址已超出了我配送范围,能不能重新分配下,谢谢。"						
编制日期		审核日期		批准日期		
修改标记		修改处数		修改日期		

7.2.2　配送人员内部交接服务规范

下面是配送人员内部交接服务规范。

制度名称	配送人员内部交接服务规范	编号	
		版本	
执行部门		监督部门		编修部门	

第1条　目的。

为了更好地规范配送人员内部的交接服务工作,确保此项工作顺利完成,根据本公司相关制度,特制定本规范。

第2条　适用范围。

本规范适用于所有配送人员内部交接的服务工作。

第3条　配送人员内部交接原则。

1. 当面交接原则。

配送人员与配送网点快件处理人员交接时,需共同确认快件的状态。在交接过程中,若发现快件有异常,配送人员应将快件交回快件处理人员或在派件清单(如下表所示)上注明异常情况。

续表

				派件清单					
序号	运单单号	重量	运费	付款方式	数量	派送时间	接收人	快件异常说明	

说明:本单一式两联,抄写、签字完毕后,一联交给快件处理人员,一联由配送人员留底保留。

2. 签字确认原则。

交接双方在确认快件无误之后,需要在派件清单上对交接信息进行签字确认。

第 4 条　配送员从派送网点取货时的交接。

1. 核对交接快件数量。

配送人员与快件处理人员在交接时,首先需要核对快件的数量,具体内容包括以下 4 点。

(1) 核对总件数。

核对派件清单的总数是否与实物数量相符;如不相符,则需立即向派送网点快件处理人员反馈,双方再次确认交接件数。

(2) 核对一票多件快件的件数。

检查实际交接的快件件数是否与运单注明件数相符;如不相符,则需立即向派送网点的快件处理人员反馈,与其确认是否快件未到齐或者快件遗失。

(3) 核对代收货款快件的件数。

对于代收货款快件,要单独清点其数量,并在派件清单中注明。

(4) 核对保价快件的件数。

保价快件通常具有高附加值、易碎等特点;应单独进行配送处理,每个环节的交接都需要交接双方签字确认。

2. 检查快件是否有液体渗漏情况。

(1) 若轻微渗漏,则需重新加固包装,安排试派送。

(2) 若渗漏情况严重,则交由派送处理网点场地人员处理。

3. 检查快件外包装、封口情况。

(1) 如快件轻微破损且重量无异常,快件处理人员应对快件进行登记,并在派送清单的相应位置登记破损情况,由配送人员对快件进行包装加固并试派送。

(2)如快件破损严重,且重量与运单填写重量不符,则需将快件滞留在派送处理点,由快件处理人员按照相关规定处理。

(3)如发现封口胶纸异常(如非本公司专用封口胶纸、有重复粘贴痕迹),应立即上报网点有关人员并交由其处理。

4. 检查快件运单状态及运单信息状况。

(1)如运单脱落,应立即交快件处理人员处理,并协助其查找脱落的运单。

(2)如运单轻微破损,但不影响查看快件信息,则按照正常快件派送。

(3)如运单信息模糊不清,但运单单号可识别,则将快件交由快件处理人员根据运单单号进入信息系统查看快件信息。待其确认并在运单上标示清楚后,再重新安排派送工作。

(4)如运单不清导致运单单号无法识别,快件处理人员可通过信息系统查找此快件的单号及相应的信息,填写公司专用"派送证明"代替"收件人存根"联,交由配送员按照正常的流程配送。

5. 检查快件收件人地址。

(1)配送员在接收快件时,要及时检查配送地址是否超出自身负责的配送区域。如果超出,应立即转交给所属区域的配送员,在派件清单上注明"已转交×××",并要求相关区域的配送员签字确认。

(2)判断收件人地址是否正确、详细。地址错误或不详的,需要通过拨打运单上收件方电话及时与客户联系,询问其姓名及正确地址,确认后按照正常快件配送。

6. 交接签字。

交接双方确定派件清单信息无误之后,在指定位置签字确认。

第 5 条　配送员配送完从客户处回到派送网点后的交接。

1. 整理、复核快件。

配送人员配送完从客户回到派送网点处理场地后。首先清点整理运单数量和营业款,如数量不符,则将运单单号与派件清单上登记的单号核对,查找丢失的运单或快件。然后再检查被带回的快件的外包装是否完好无损。如外包装破损,则在交接时需在派件清单上注明。最后将运单整理整齐,准备交接。

2. 登记配送情况。

配送员应在派送清单上登记配送的情况,主要包括配送成功多少件、无法配送的快件多少件、要求退换的快件多少件以及每件快件的异常情况等。

3. 扫描快件。

快件处理员检查配送人员填写的内容是否完整,再对配送员没配送成功的快件,使用移动扫描设备进行运单号码扫描。扫描数据上传到系统之后,客户可通过快递企业的查询网站查询快件状态。

4. 交接款项。

(1)配送员与收款员交接款项时,应将收款资料和营业款一并交给收款员。

(2)配送员应与收款员当面核对应收营业款、实收营业款是否一致。如果某一方对某一项金额有异议时,双方应再次清点、计算,直至双方确认为止。

续表

5. 签字。

配送员与收款员交接完毕后,快件处理员再检查核对配送员填写的交接信息,确定无误后,双方在派件清单上签字,交接完毕。

第 6 条　无法配送的快件的交接。

无法配送的快件,是指由于收件人地址欠详细、客户拒收、客户不在、客户搬迁、逾期不领等各种原因,配送人员最终无法配送到客户的快件。

1. 整理、复核快件。

配送人员将无法配送的快件带回派送网点处理场地。首先清点运单数量和无法配送成功的快件数量,复核两数相加的总数是否与快件派送清单上的总数相符。如数量不符,则将运单单号与派件清单上登记的单号核对,查找丢失的运单或快件。然后再检查无法配送快件的外包装是否完好无损。如外包装破损,则在交接时需在派件清单上注明。最后将运单整理整齐,准备交接。

2. 快件复重、外包装检查。

配送人把无法配送的快件带回网点后,应对其进行重新称重,如快件重量与运单上相符,则属于无误。如快件重量与运单上的重量有明显的差距,则与快递处理员当面确认重新称重的重量,并检查外包装是否破损,或是否有物品露出。

3. 填写客户退货信息表。

配送员应在派件清单上登记每一单无法配送快件的信息,包括运单单号、单号对应的配送人员、配送时间、无法配送的原因。如有异常,则需在派件清单上登记异常情况。

4. 扫描快件。

快件处理员检查配送人员填写的内容是否完整,再对配送员无法配送的快件,使用移动扫描设备进行运单号码扫描。扫描数据上传到系统之后,客户可通过快递企业的查询网站查询快件状态。

5. 交接签字。

快件处理员检查核对无法配送快件的交接信息无误后,双方在派件清单上签字,交接完毕。

第 7 条　退换的快件的交接。

退换的快件,是指由于收件人发现货品、数量、品质与发货单不符或其他问题而要求退换的快件。

1. 整理、复核快件。

配送人员将客户要求退换的快件带回派送网点处理场地。首先清点退换的快件的运单数量。然后再检查退换的快件的外包装是否完好无损。如外包装破损,则在交接时需在派件清单上注明。最后将运单整理整齐,准备交接。

2. 快件复重、外包装检查。

配送人把退换的快件带回网点后,应对其进行重新称重,如快件重量与运单上相符,则属于无误。如快件重量与运单上的重量有明显的差距,则与快递处理员当面确认重新称重的重量,并检查外包装是否破损,或是否有物品露出。

3. 登记客户要求退换的信息。

配送员应在派件清单上登记每一单退换快件的信息,包括运单单号、单号对应的配送人员、配送时间、要求退换的原因。如有异常,则需在派件清单上登记异常情况。

续表

> 4. 扫描快件。
> 快件处理员检查配送人员填写的内容是否完整,再对要求退换的快件,使用移动扫描设备进行运单号码扫描。扫描数据上传到系统之后,客户可通过快递企业的查询网站查询快件状态。
> 5. 交接签字。
> 快件处理员检查核对要求退换的快件的交接信息无误后,双方在派件清单上签字,交接完毕。

编制日期		审核日期		批准日期	
修改标记		修改处数		修改日期	

7.3 配送人员上门取货服务规范

7.3.1 上门取件服务规范

下面是上门取件服务规范。

制度名称	上门取件服务规范		编号	
			版本	
执行部门		监督部门		编修部门	

第1条 目的。
为了规范配送人员上门取件的服务行为,提升服务质量,特制定本规范。
第2条 适用于所有配送人员上门取件的服务工作。
第3条 上门取件服务规范主要内容。
1. 接到订单。
配送员在接到客户下的订单后,应主动给客户打电话,明确客户需要配送的品种、数量、规格、取件时间、取件方式、取件地点以及有无其他特殊要求等信息。
2. 到达取件地点。
(1)在客户单位/小区时,应主动出示工牌号,礼貌地向安保人员说明来意。
如:"您好,我是××公司的配送人员,我是来为××先生/小姐收快件的。"
(2)按照客户单位/小区的要求积极配合办理相关的进出入登记手续。
如果第一次到客户单位/小区配送,则配送员首先应到物业部进行咨询,是否需要办理相关的进出入手续,如临时通行证等。

(3)可询问安保人员是否能帮忙看下配送车,避免货物被人顺手拿走。

如:"您好,大哥/大姐,我是××公司的配送人员,我的配送车停在×××处,能否麻烦您帮忙看管下,我马上下来,可以吗?"语气一定要谦和。

(4)当前往客户办公室(房间)时,无论门是开还是关,均应按门铃或敲门向客户请示。若有门铃,用食指按门铃。按铃时间不超过3秒,等待5~10秒后按第2次;若需要敲门时,应用食指或中指连续敲门3下,等候5~10秒如门未开,可再敲第2次。敲门时,用力要适中,在等候开门时,应站在距门1米处,待客户同意后方可进入。

3. 进门。

(1)自我介绍。

①入户服务次数少于两次,与客户不熟悉时,应面带微笑,使用普通话,自信、清晰地说:"您好,我是××公司配送员×××,我是来您处取件的。"介绍的同时出示工牌号,把工牌有照片的一面面向客户,让客户看清楚。

②与客户熟悉或客户属于经常服务的对象,配送人员可省略自我介绍,应热情主动地与客户打招呼,并表示:"您好,××先生/女士,我是来您处取件的。"

(2)进门细节。

①进门时,如带有外衣和雨具等,应该搁放在客户指定的地方,不得随手乱放。

②进门时,先询问客户是否需要拖鞋或鞋套之类,切忌直接走入客户家中。

4. 快件收取。

配送员在收取快件时,应询问:"您好,这是您要寄的快件吗?"并双手接过客户的快件。

5. 快件检查。

检查客户需发送物品是否属于禁运物品。检查前配送员应礼貌地询问客户是否可以检查,并说明检查的目的。如"先生/小姐,您好,为了对您负责,请允许我帮您确认一下包装内是否完好或包装内的数量,避免有遗落。"

如果检查出客户所寄的物品为违禁品,应礼貌地告知客户,哪些属于违禁品,违禁品公司不予受理,如"对不起/非常抱歉,您所寄的物品属于易燃液体(危险物品),属于违禁品,不能收寄,请您谅解。"

6. 包装快件。

(1)快件检查无误后,如果客户已提供包装,要仔细检查其牢固程度,若是易碎品,则要做好易碎品的相应防护措施及标识。

(2)如果客户未进行包装,则应指导或协助客户使用规范的包装物料和填充物品进行包装。

(3)包装好后,还要仔细检查包装,保证物品的安全。

7. 称重计费。

对包装好的物品进行质量和体积的测量。然后按照公司资费标准计算运费和保费,并主动提示客户:"×先生/小姐,您好,请您看一下,该物件的计费重量是×千克,运费是×元。"

8. 填写运单。

(1)电子运单已填写完毕。

若客户已经在系统上填好了运单,如客户自己在快递公司的APP上填写完毕,则可直接进入收件环节。

(2)未填写运单。

续表

如果客户是电话预约配送人员上门取件,未事先在 APP 上下单,则需客户手写运单或填写电子运单。

(1)填写运单:指导客户填写运单。当客户不明白相关内容时,配送员应主动进行讲解,当客户填写不详细时,配送员应耐心解释。

(2)检查运单:在客户填好运单后,配送员应对填写内容进行检查。

(3)提示客户阅读运单背书条款。

9. 客户签字。

客户如果是手写运单,配送员应双手将运单递给客户,并用右食指指向寄件/收件人签署栏,"您好,麻烦您在这里签名,谢谢。"然后再将客户留存条递给客户,"请您收好,这是给您的留底凭证。"

10. 收取费用。

告知客户此次快件的运费,"您好,这次您快件的运费一共是××元,您是微信、支付宝、现金还是 POS 机刷卡?"然后根据客户选择的支付方式进行现结或记账。

11. 辞谢与道别。

清点货款、查验签收单无误后,礼貌跟客户道别,可以说:"谢谢您,希望下次再为您服务。"然后出门时轻轻带上门。

编制日期		审核日期		批准日期	
修改标记		修改处数		修改日期	

7.3.2 上门取货服务规范

下面是上门取货服务规范。

制度名称	上门取货服务规范	编号	
		版本	
执行部门		监督部门		编修部门	

第 1 条 目的。

为了规范配送人员上门取货的服务行为,提升其服务水平,特制定本规范。

第 2 条 适用范围。

本规范适用于所有配送人员上门取货的服务工作。

第 3 条 配送人员接到客户订单。

配送员在接到客户的订单后,应主动给客户打电话,明确客户需要配送的品种、数量、规格、取件时间、取件方式、取件地点以及有无其他特殊要求等信息。

续表

第 4 条　配送人员上门取货前的工作准备。

配送人员上门取货前应准备好相关的用品用具,包括快件搬运工具、快件辅助工具和移动扫描工具三类,并做好相关检查工作,具体如下所示。

1. 快件搬运工具。主要检查手推车扶手是否完好、承重板面有无破裂变形、脚轮是否灵活。
2. 快件辅助工具。主要检查快件辅助工具是否完备,包括挎包、绑带、笔纸和小刀等。
3. 移动扫描用具。主要检查扫描枪电量是否充足、能否正确读取信息、能否连接操作系统。

第 5 条　配送人员至客户处。

1. 配送人员到达客户单位/小区门口时,应主动出示工牌号,礼貌地向安保人员说明来意。

如:"您好,我是××公司的配送人员,我是来给××先生/小姐收货件的。"

2. 按照客户单位/小区的要求积极配合办理相关的进出入登记手续。

如果第一次到客户单位/小区配送,则配送员首先应到物业部进行咨询,是否需要办理相关的进出入手续,如临时通行证等。

3. 配送车要根据客户单位/小区的停车要求停在离取件或投递地点最近的允许范围内,最好要在视线范围内或者有人看守的地方。

4. 配送车停好后,可询问安保人员是否能帮忙看下配送车,避免货物被人顺手拿走。

如:"您好,大哥/大姐,我是××公司的配送人员,我的配送车停在×××处,能否麻烦您帮忙看管下,我马上下来,可以吗?"语气一定要谦和。

5. 当前往客户办公室(房间)时,无论门是开还是关,均应按门铃或敲门向客户请示。若有门铃,用食指按门铃。按铃时间不超过 3 秒,等待 5~10 秒后按第 2 次;若需要敲门时,应用食指或中指连续敲门 3 下,等候 5~10 秒如门未开,可再敲第 2 次。敲门时,用力要适中,在等候开门时,应站在距门 1 米处,待客户同意后方可进入。

6. 配送人员见到客户时应先进行自我介绍。

7. 配送人员进门时应注意以下细节。

(1)进门时,如带有外衣和雨具等,应该搁放在客户指定的地方,不得随手乱放。

(2)进门时,先询问客户是否需要拖鞋或鞋套之类,切忌直接走入客户家中。

第 6 条　业务办理。

1. 快件检查。

检查客户需发送物品是否属于禁运物品。检查前配送员应礼貌地询问客户是否可以检查,并说明检查的目的。如果检查出客户所寄的物品为违禁品,应礼貌地告知客户,哪些属于违禁品,同时礼貌地跟客户讲解,违禁品公司不予受理。

2. 货物包装。

快件检查无误后,开始使用规范的包装物料和填充物品进行包装。以下介绍几种常见的大件货物的包装规范。

(1)设计图纸、书画等物品。幅面大且不能折叠的书画、设计图等,应将其卷起后放入三角筒内。

(2)带框类怕压易损物品。首先用泡沫板将凹陷及凸起处填平,用泡沫膜整体包裹;包裹后使用硬纸板进行整体外部捆包,并在平面部位用整块胶合板加强防护;用泡沫砖或厚纸板折叠后将各个尖角部位包裹起来;独立包装完后装入纸箱或木箱内,并粘贴易碎标志。

(3)易损品、机电产品。首先将不规则零部件卸下,用泡沫包装材料进行捆包;然后对其他各部位进行充分包装后装入能够完全容纳该物品的纸箱内;最后用泡沫填充物进行填充,再用木箱进行外包装,在外包装箱各侧面醒目处粘贴易碎标志。

(4)硬性货物。首先外加麻布、纸箱、布条或绳索进行包装,然后用"井"字形打包,且绳索强度应确保可以承受货物的全部重量。

包装好后,最后还要仔细检查包装,保证物品的安全。

3. 称重计费。

(1)用专门的度量衡工具对包装好的物品进行质量和体积的测量。再按照公司资费标准计算运费和保费,并主动提示客户:"×先生/小姐,您好,请您看一下,该物件的计费重量是×千克,运费是×元。"

(2)货物过大,无法当场称重计费的,在征得客户的同意后将货物搬运带公司称重,并要第一时间通知客户最终的计费重量和运费。"×先生/小姐,因货物太大,无法现场称重,我们须搬运回公司称重,请您放心,我们会在第一时间将准确的计费重量通知您,谢谢您的配合。"

4. 填写运单。

如果客户是电话预约配送人员上门取件,未事先在 APP 上下单,则需手写运单,否则无需填写。

(1)填写运单:指导客户填写运单。当客户不明白相关内容时,配送员应主动进行讲解,当客户填写不详细时,配送员应耐心解释。如"您好,为了保证您的快件准时、安全、快捷地送达,麻烦您把××栏目填写得详细点,谢谢。"

(2)检查运单:在客户填好运单后,配送员应对填写内容进行检查。

(3)提示客户阅读运单背书条款。

5. 客户签字。

配送员应双手将运单递给客户,并用右食指指向寄件/收件人签署栏,"您好,麻烦您在这里签名,谢谢。"然后再将客户留存条递给客户,"请您收好,这是给您的留底凭证。"

第 7 条 辞谢与道别。

礼貌跟客户道别,可以说:"谢谢您,希望下次再为您服务。"然后出门时将门轻轻带上。

编制日期		审核日期		批准日期	
修改标记		修改处数		修改日期	

7.3.3 闪送取货服务规范

下面是闪送取货服务规范。

制度名称	闪送取货服务规范	编号	
		版本	
执行部门		监督部门		编修部门	

第1条　目的。

为了规范配送人员闪送取货的服务行为,明确闪送取货服务的内容,特制定本规范。

第2条　适用范围。

本规范适用于所有配送人员闪送取货的服务工作。

第3条　闪送取货的主要特征。

闪送取货的主要特征就是快,定位快、取件快。

第4条　电话联系客户。

电话沟通的有效性决定了闪送的速度。

1. 配送人员抢到客户订单时,应在＿＿＿＿分钟内快速联系客户。

2. 电话接听后,配送人员首先应简单地自我介绍,"您好,我是此次您闪送快件的取货人员×××。"然后再跟客户确定以下几个关键要素。

(1)确认客户所在的具体位置,这也是闪送的关键之一。"我大概××分钟之内到达您所在范围,请问您所在具体位置是在×××吗?"

(2)确认客户所在地是否对配送快递有特殊要求。"请问您所在小区/商务区是否允许配送人员进入,是否有什么要求?"

第5条　到达客户所在区域。

若进入客户单位/小区时,需要办理相关手续的,则须礼貌地跟客户沟通征得客户的同意,要求客户送下来,可节省配送取货的时间。若客户不配合,则可跟客户说明情况,切忌不可跟客户争执。

如:"您好,××先生/小姐,为了不耽误您此次配送的时间,能否请您将快件送达您单位/小区门口。"

第6条　见到客户。

配送人员见到客户时应热情主动地与客户打招呼,并进行自我介绍。

第7条　快件收取。

配送员在收取快件时,应询问:"您好,这是您要寄的快件吗?"并双手接过客户的快件。

第8条　快件称重。

如果客户订单所填重量少于实际物品的重量,则应礼貌地跟客户说明情况,切忌与客户发生争执。"您好,先生/小姐,请您看一下,该物件的计费重量是×千克,运费是×元。根据闪送条约,超出＿＿＿公斤,每增加1公斤,加收2元,超出＿＿＿公斤后,每增加1公斤,加收5元。您还需补交×元。"

第9条　辞谢与道别。

礼貌跟客户道别,可以说:"谢谢您,希望下次再为您服务。"

编制日期		审核日期		批准日期	
修改标记		修改处数		修改日期	

7.4 配送人员配送服务规范

7.4.1 配送人员进入小区服务规范

下面是配送人员进入小区服务规范。

制度名称	配送人员进入小区服务规范	编号	
		版本	
执行部门		监督部门		编修部门	

第1条 目的。
为了更好地规范配送人员进入小区配送服务标准,特制定本规范。

第2条 适用范围。
本规范适用于公司所有配送人员进入小区的配送服务工作。

第3条 进入小区服务规范主要内容。

1. 进小区前。

(1)应提前____分钟与客户联系,采用标准的服务用语通知客户自己即将到达,如"您好,我是××配送公司的配送人员,我大概____分钟到达您那,请问您方便收件吗?";如果客户电话未接,可先发短信,后打电话确认。

(2)送到付快件时,若结算方式为现金结算且金额较大,应提前____个小时电话通知客户,告知客户应付金额,提醒客户准备应付款项。

如"您好,我是××配送公司的配送人员,这里有您的一份到付快件,金额是×××元,麻烦您准备下零钱,谢谢!"

(3)遵守取件地的停车要求,并锁好车辆,确保交通工具的安全。

如果是第一次进该小区,应主动礼貌地询问安保人员,配送车是否有指定停车位置,根据小区规定停好车辆,并锁好。

2. 进入小区。

(1)主动出示工牌号,礼貌地向安保人员说明来意。

如:"您好,我是××配送公司的配送人员,我是来给××先生/女士收/派快件的。"

(2)按照小区的要求积极配合办理相关的进出入登记手续。

(3)如果该小区是安保处统一办理收派快件,应事先跟客户打电话确认:"您好,我是××配送公司的配送人员,您的快件现已放在安保处,麻烦您尽快领取。"

续表

3. 离开小区。 (1) 应主动跟安保人员热情打招呼，并及时归还客户小区的相关证明，如临时通行证等。 (2) 检查配送车辆上的货物是否完好。					
编制日期		审核日期		批准日期	
修改标记		修改处数		修改日期	

7.4.2 配送人员进入商务区服务规范

下面是配送人员进入商务区服务规范。

制度名称	配送人员进入商务区服务规范	编号	
		版本	
执行部门		监督部门		编修部门	

第 1 条　目的。

为了规范配送人员配送服务行为的管理工作，明确配送人员进入商务区服务的行为标准，特制定本规范。

第 2 条　适用范围。

本规范适用于所有配送人员进入商务区的配送服务工作。

第 3 条　配送人员进入商务区服务规范主要内容。

1. 进商务区前。

(1) 提前五分钟与客户联系，采用标准的服务用语告知客户自己即将到达。

如"您好，我是××公司的配送人员，我大概五分钟到达您那，请问您方便收件吗？"

(2) 送到付快件时，若结算方式为现金结算且金额较大，应提前____个小时电话通知客户，告知客户应付金额，提醒客户准备应付款项。

如"您好，我是××快递公司的配送人员，这里有您的一份到付快件，金额是×××，麻烦您准备下零钱，谢谢！"

(3) 遵守取件地的停车要求，并锁好车辆，保证交通工具的安全。

如果是第一次进该商务区，应主动礼貌地询问安保人员，配送车是否有指定停车位置，根据小区规定停好车辆，并锁好。

2. 进入商务区。

(1) 主动出示工牌号，礼貌地向安保人员说明来意。

如"您好，我是××公司的配送人员，我是来给××先生/小姐收派快件的。"

(2) 按照商务区的要求积极配合办理相关的进出入登记手续。

续表

| 如果第一次到该商务区配送,则配送员首先应到物业部进行咨询,是否需要办理相关的进出入手续,如临时通行证等。
(3)如果该商务区是安保处统一办理收派快件,应事先跟客户打电话确认:"您好,我是××公司的配送人员,您的快件现已放在安保处,麻烦您尽快领取。"
(4)如果该商务区禁止配送人员进入,则与客户电话沟通确认,告知所在位置,让客户下楼自取。
如:"您好,我是××公司的配送人员,我已到您公司楼下,因该商务区有规定禁止配送人员进入,您看您是否方便下楼自取,我现在在×××位置,谢谢。"
(5)可询问安保人员是否能帮忙看下配送车,避免货物被人顺手拿走。
如:"您好,我是××公司的配送人员,我的配送车停在×××处,能否麻烦您帮忙看管下,我马上下来,可以吗?"语气一定要谦和。
3. 离开商务区。
(1)主动跟安保人员热情打招呼,并及时归还客户商务区的相关证明,如临时通行证等。
(2)检查配送车辆上的货物是否完好。 |

编制日期		审核日期		批准日期	
修改标记		修改处数		修改日期	

7.4.3 配送人员投递快递柜服务规范

下面是配送人员投递快递柜服务规范。

制度名称	配送人员投递快递柜服务规范	编号	
		版本	
执行部门		监督部门		编修部门	

第1条 目的。

为规范快递业务操作,为客户提供"迅速、准确、安全、方便"的快递服务,特制定本规范。

第2条 投递前服务规范。

1. 使用快递柜投递快件,应事先征得客户同意并告知例外情况的处理方法。
2. 使用快递柜投递的快件,其尺寸应符合快递柜的规格要求。
3. 快递业务员投放快件前应检查快件外包装,确保外包装无破损。

第3条 投递中的服务规范。

快件投入快递柜中,配送公司/快递人员应及时将取件通知和验证信息告知客户。

续表

第 4 条　投递后的后续服务。
对于逾期未领快件,配送公司或快件箱管理方应向客户发送提醒信息。对于逾期____天以上未领的快件,配送公司应及时安排人员将其取出,并联系收件人再次进行投递。

第 5 条　例外情况说明。
当客户发现快件箱中没有快件、所取快件非本人快件、快件内物品与客户订单上的物品不符等情况出现而联系配送公司时,快递业务人员应在____小时内进行处理。

编制日期		审核日期		批准日期	
修改标记		修改处数		修改日期	

7.4.4　配送人员入户配送服务规范

下面是配送人员入户配送服务规范。

制度名称	配送人员入户配送服务规范	编号	
		版本	
执行部门		监督部门		编修部门	

第 1 条　目的。
为规范入户配送服务行为,确保配送服务质量,提高客户的满意程度,特制定本规范。

第 2 条　适用范围。
本规范适用于公司所有配送人员的入户配送服务工作。

第 3 条　入户配送服务规范。
1. 配送前。
(1)应整理好着装,准备好笔和相关票据等工具。
(2)送到付快件时,若结算方式为现金结算且金额较大,应提前____个小时电话通知客户,告知客户应付金额,提醒客户准备应付款项。
2. 配送中。
(1)敲门规范。
①当前往客户办公室(房间)时,无论门是开还是关,均应按门铃或敲门向客户请示。
②用食指按门铃,按铃时间不超过 3 秒,等待 5~10 秒后按第 2 次。
③若需要敲门时,应用食指或中指连续敲门 3 下,等候 5~10 秒如门未开,可再敲第 2 次。
④敲门时,用力要适中。
⑤在等候开门时,应站在距门____米处,待客户同意后方可进入。
(2)自我介绍。

续表

①入户服务次数少于两次,与客户不熟悉时,应面带微笑,使用普通话,自信、清晰地说:"您好,我是××公司配送员×××,我是来给您送快件的。"介绍的同时出示工牌号,将工牌有照片的一面出示给客户。

②与客户熟悉或客户属于经常服务的对象,配送人员可省略自我介绍,应热情主动地与客户打招呼,并表示:"您好,××先生/女士,我是来给您送快件的。"

(3)入户规范。

①入户时,如带有外衣和雨具等,应该搁放在客户指定的地方,不得随手乱放。

②入户时,先询问客户是否需要拖鞋或鞋套之类,切忌直接走入客户家中。

(4)指导客户签收快件。

①双手给客户递上快件,告知客户签收处并说道:"××先生/女士,这是您的快件,请在____处签字。"如果在签收过程中,发现快件有部分遗失、货件数量不符等情况,导致客户拒签时,配送人员应及时与公司联系并告知客户处理办法。

②若是代收需要得到客户的许可。

(5)辞谢与道别。

快递人员在清点货款、查验签收单无误后,礼貌跟客户道别,说:"谢谢您,希望下次再为您服务。"然后出门时轻轻带上门。

编制日期		审核日期		批准日期	
修改标记		修改处数		修改日期	

7.4.5　配送人员收款服务规范

下面是配送人员收款服务规范。

制度名称	配送人员收款服务规范	编号	
		版本	
执行部门		监督部门		编修部门	

第1条　目的。
为了规范配送人员收款服务行为,提高服务质量,特制定本规范。

第2条　适用范围。
本规范适用于所有配送人员收款服务工作。

第3条　确定收款金额。
对包装好的物品进行质量和体积的测量。按照公司资费标准计算运费和保费,并主动提示客户:"×先生/小姐,您好,请您看一下,该物件的计费重量是×千克,运费是×元。"

续表

第4条　明确收款方式。

快件收款方式主要有电子收款、现金收款、POS机收款及记账等方式。

1. 电子收款。

电子收款是指客户、快递公司和金融机构之间使用安全电子手段将快件的收款金额通过信息网络安全地传送到银行或相应的处理机构,用来实现货币支付或资金流转的收款。电子收款主要以微信收款和支付宝收款为主。

2. 现金收款。

现金收款是指客户以人民币的形式来支付快件费用。人民币真伪判定方法,主要从纸张、水印、凹印、安全线等方面判定真伪,具体如下表所示。

现金真伪辨别

类别	真币	假币
纸张	耐磨、有韧性、挺括、不易折断,抖动时声音脆响	纸张绵软、韧性差、易断裂,抖动时声音发闷
水印	有固定水印,层次分明,立体感强,透光观察清晰	水印模糊,无立体感,变形较大,不需透光就能看到
凹印	图案形象逼真,传神,凹凸感强	图案平淡,花纹较模糊,手感光滑
安全线	安全线是立体实物,且与纸张融为一体,有凸起的手感	安全线为印上或画上的颜色,或安全线与票面分离、起褶皱

3. POS机收款。

POS机收款是指客户通过POS机直接刷卡支付快件费。

4. 记账。

记账是指快递公司与客户达成协定,由客户在固定的时间或周期向公司统一结算快递费的一种付款方式。

第5条　实施收款。

根据客户选择的支付方式进行现结或记账。

1. 如果客户选择电子收款,则须双手把二维码递到客户面前,"您好,您这次快递费一共是××元,麻烦您扫下二维码,谢谢。"

2. 如果客户选择现金支付,应提前____个小时电话通知客户,告知客户应付金额,提醒客户准备应付款项。"您好,我是××快递公司的配送人员,这里有您的一份到付快件,金额是×××元,麻烦您准备下零钱,谢谢!"

3. 如果客户选择POS机支付,应双手把POS机递到客户面前。

(1) 首先让客户提供银行卡。如"您好,麻烦您提供下您的银行卡,谢谢。"

(2) 然后根据客户实际快递费,进行POS机刷卡支付操作,操作前要与客户说明刷卡金额信息。如"您好,您本次快递费一共是××元,麻烦您输入下密码,谢谢。"

(3) 操作POS机刷卡成功后,配送人员应请客户核对刷卡金额信息,并请客户在支付签名单上签名。

续表

（4）客户签字后，配送人员应将支付签名单的第三联持卡人存根和银行卡交还给客户。如"您好，这是您的支付凭证和银行卡，请您核对收好，谢谢。"

4. 如果客户选择寄付记账，则须在运单账号栏注明客户的记账账号。如"您好，记账快件需要提供您的记账账号，麻烦您填写下，谢谢。"

编制日期		审核日期		批准日期	
修改标记		修改处数		修改日期	

7.5 配送人员电话服务规范

7.5.1 配送人员日常接听电话规范

下面是配送人员日常接听电话规范。

制度名称	配送人员日常接听电话规范	编号	
		版本	
执行部门		监督部门		编修部门	

第1条 目的。
为了确保配送人员日常接听电话的服务行为，树立良好的企业形象，特制定本规范。

第2条 适用范围。
本规范适用于所有配送人员日常接听电话的工作。

第3条 配送人员接听电话的基本要求。
配送人员在接听电话时应满足以下4个基本要求。

1. 快速准确地接听。
电话铃声响起最好在铃响3声以内接听，不要让铃响超过5声。如果电话铃响了5声才接听，应先向对方道歉。

2. 态度礼貌、友好。
电话用语应文明、礼貌，态度应热情、谦和、诚恳，语调应平和，音量要适中。

3. 了解来电目的。
配送人员接听电话时，要尽可能问清客户需要的配送服务，避免误事。首先应了解客户的来电目的，如自己无法处理，应该认真记录下来，然后告知相关人员处理。

续表

4. 认真清楚地记录。

配送人员接电话时,要将关键内容认真记录下来,具体记录的内容主要包括:何时、何人、何地、何事等方面。

第 4 条　电话文明服务用语。

配送人员与客户交谈时,应使用文明语言,让客户有亲切感,避免出现影响交流效果的情况。

电话文明礼貌用语示例

类别	要求	举例说明
打招呼用语	说话亲切、礼貌待人、热情招呼、谈吐自然	◆"您好""早上好""下午好""您贵姓""打扰您了"
称呼用语	亲切称呼	◆"先生""女士""夫人"
征询应答用语	热情有礼、认真负责	◆"您有什么事情吗?""好的""这是我应该做的"
道歉用语	态度诚恳、语气温和	◆"实在是对不起""是我工作马虎了,我一定改正"

第 5 条　电话服务禁语。

配送员在接听电话时,应避免使用服务禁语。如"这事情不是我负责的,不要问我""我就这态度,怎么了"等。

编制日期		审核日期		批准日期	
修改标记		修改处数		修改日期	

7.5.2　配送人员电话处理客户问题规范

下面是配送人员电话处理客户问题规范。

制度名称	配送人员电话处理客户问题规范	编号	
		版本	
执行部门		监督部门		编修部门	

第 1 条　目的。
为了规范配送人员电话处理客户问题的行为,提高问题解决效率,特制定本规范。
第 2 条　适用范围。
本规范适用于所有配送人员电话处理客户问题的工作。

第 3 条　电话处理客户问题的基本原则。

接到客户问题电话时,配送人员应严格遵守"礼貌、乐观、热情、友善、耐心、平等"12 字服务方针,严禁与客户辩论、争吵。

第 4 条　处理客户问题的注意事项。

(1)不与客户争辩、不找借口。

(2)注重解释语气,不敷衍。

(3)换位思考、不推卸责任。

(4)明确责任,诚恳道歉,提出解决方案。

第 5 条　处理客户问题规范。

1. 价格类问题。

(1)价格类问题处理技巧。

①先承认价格上的差别。

②在了解客户需求情况下给出建议。

③将客户注意力转移到安全性、服务性上。

(2)常见价格类问题示例。

◆客户:"你们快递公司的价格这么贵,人家××公司只要×元!"

◆错误回答:"这是公司规定的,我也没办法。"

◆建议回答:"××先生/小姐,您好,如果只是从价格上来比较,我们公司是比有些公司的价格贵点,但是我们公司的安全、速度和服务要比其他公司做得更完善,我相信会让您感觉到我们公司的价格会物超所值。"

2. 时限类问题。

(1)时限类问题处理技巧。

①不推脱责任,态度积极地进行回应。

②在有把握的前提下,给出到达时间范围。

③如果延迟应真诚道歉。

(2)常见时限类问题示例。

◆客户:"我的快递怎么还没有到?"

◆错误回答:"你自己给客服打电话,我也不是很清楚。"

◆建议回答:"好的,请您告诉我您的快递单号,我帮您查一下。"或"不好意思,一般快件需××天才能到,我这边再联系下客服帮您催下。"

3. 安全类问题。

(1)安全类问题处理技巧。

①对高价物品应建议客户保价。

②对易碎物品一定要提前向客户阐明责任归属。

③对丢失的问题要跟客户强调公司的安全保障措施。

④对破损的问题要跟客户强调公司的包装安全措施。

(2)常见安全类问题示例。

◆客户:"我寄的东西万一丢了怎么办?"

◆错误回答:"我们的快递是最安全的,丢不了,放心。"

续表

◆建议回答:"我们公司在快件寄送安全方面的措施很完备。一般不会发生丢失事件。如果您还是不放心,建议您考虑保险或保价。"

编制日期		审核日期		批准日期	
修改标记		修改处数		修改日期	

7.5.3 配送人员电话预约上门取货规范

下面是配送人员电话预约上门取货规范。

制度名称	配送人员电话预约上门取货规范	编号	
		版本	
执行部门		监督部门		编修部门	

第1条 目的。

为了给客户提供专业、规范的服务,特制定本规范。

第2条 适用范围。

本规范适用于所有配送人员电话预约上门取货的工作。

第3条 电话服务原则。

1. 文明用语。

通话语言要文明,禁止使用服务禁语。

2. 及时接听。

电话铃声响起____声以内要接听。

3. 保持礼貌。

接听或拨打电话时,要保持清晰的声音、亲切的语态、合适的语速。

第4条 电话预约上门取货规范。

1. 配送人员接到客户来电预约取货,在电话接通时应遵循以下规范。

(1)____声/秒内接听。

(2)电话接通后,首先问候,如"您好!××公司配送员×××为您服务。"如信号不佳,难以听清对方的话语时,应温和地告知对方:"对不起,电话声音太小,麻烦您重复一遍。"

2. 配送人员沟通确认取货物品情况。

(1)确认客户所寄物品的种类、大小、数量。

示例:"请问您方便告知您所寄的是什么物品吗?物品的大小大概是多大?一共寄多少件?"

(2)确认客户具体位置。

示例:"请问您所在具体位置是在×大厦×座×层吗?"

续表

(3)确认客户寄送城市。
示例:"请问您是寄到××城市吗?"
(4)确认预约上门时间。
示例:"请问您今天什么时间在家?"
(5)结束用语。
示例:"我大概×分钟到达您那,感谢您使用×××快递,一会见"。

编制日期		审核日期		批准日期	
修改标记		修改处数		修改日期	

7.6 配送人员礼仪服务规范

7.6.1 配送人员着装规范

下面是配送人员着装规范。

制度名称	配送人员着装规范	编号	
		版本	
执行部门	监督部门	编修部门	

第1条 目的。
为了展现员工良好的精神面貌和行为规范,提高企业形象,特制定本规定。
第2条 适用范围。
本规范适用于本公司所有配送人员的着装要求。
第3条 着装规范。
1. 员工上班期间应当统一着工装,佩戴胸卡。
2. 员工应及时清洗工装,保持清爽干净的整体衣着。禁穿破损服装。
3. 胸卡资料确保真实、清晰。
第4条 形象要求。
1. 口腔:持口腔清洁,早、午餐不吃有异味的食品。
2. 头发:女员工需保持头发无异味、无头皮屑;保持头发整齐,经常梳理,不染异色发,不留超前卫的发型;男员工头发要梳理整齐,头发长短要适中,前不盖额、侧不掩耳、后不及领,不得染发烫发,不留超前卫的发型。

续表

3. 脸部:女员工必须化淡妆,切忌浓妆艳抹;男员工应每日刮净胡子,不留胡须,保持清洁。
4. 项部:不得佩戴形状怪异的项链。
5. 手部:勤洗手,保持手部清洁干净;经常修剪指甲,保持整齐;仅限戴一枚戒指,不得戴形状怪异的戒指。
6. 脚部:不得穿拖鞋。鞋子应与工作服装的款式、颜色相匹配;鞋、袜要勤换洗,保持清洁、干净、无异味。

第 5 条　附则。
本规范的解释权归公司人事行政部,自____年____月____日起施行。

编制日期		审核日期		批准日期	
修改标记		修改处数		修改日期	

7.6.2　配送人员入户规范

下面是配送人员入户规范。

制度名称	配送人员入户规范	编号	
		版本	
执行部门		监督部门		编修部门	

第 1 条　目的。
为了规范配送人员入户的服务礼仪,特制定本规范。
第 2 条　适用范围。
本规范适用于本公司所有配送人员入户礼仪服务工作。
第 3 条　敲门规范。
1. 当前往客户办公室(房间)时,无论门是开还是关,均应按门铃或敲门向客户请示。
2. 用食指按门铃,按铃时间不超过 3 秒,等待 5～10 秒后按第 2 次。
3. 若需要敲门时,应用食指或中指连续敲门 3 下,等候 5～10 秒如门未开,可再敲第 2 次。
4. 敲门时,用力要适中。
5. 在等候开门时,应站在距门 1 米处,待客户同意后方可进入。
第 4 条　自我介绍。
1. 入户服务次数少于两次,与客户不熟悉时,应面带微笑,使用普通话,自信、清晰地说:"您好,我是××公司配送员×××,有您的快递,请签收。"或"您好,我找×××先生/女士,有他/她的快递需签收。"
2. 与客户熟悉或客户属于经常服务的对象,配送人员可省略自我介绍,应热情主动地与客户打招呼,并表示:"您好,××先生/女士,我是来为您派件的。"

续表

第5条 入户规范。				
1. 入户时,如带有外衣和雨具等,应该搁放在客户指定的地方,不得随手乱放。				
2. 入户时,先询问客户是否需要拖鞋或鞋套之类,切忌直接走入客户家中。				
3. 进门后在客户处应该遇礼让,不东瞅西望。				
4. 快递员切忌出现手把门框、脚踢墙壁等动作。				
第6条 道别规范。				
1. 退两步,伸右手做出"再见"手势。				
2. 转身表示谢意并表示留步。				
3. 出门时为客户轻轻带上门。				
第7条 附则。				
本规范的解释权归公司人事行政部,自___年___月___日起施行。				
编制日期		审核日期		批准日期	
修改标记		修改处数		修改日期	

7.6.3　配送人员客户礼仪规范

下面是配送人员客户礼仪规范。

制度名称	配送人员客户礼仪规范	编号	
		版本	
执行部门		监督部门		编修部门	

第1条　目的。
为了规范配送人员的服务礼仪标准,提升公司的服务水平,特制定本规范。

第2条　站姿。
1. 站立时不要东张西望、摇头晃脑,双手双脚不要频繁移动或者频繁变换动作。
2. 站立时间过久可以适当休息,也可适当变化动作,但动作不要过大和太夸张。
3. 女士站立时,双脚并拢,身体稍向前倾,收腹挺胸,双手稍稍抱拳,自然垂放于腹部。
4. 男士站立时,双脚自然分开约与肩同宽,身体正直,稍微前倾,挺胸收腹,腰板直,头要摆正。
5. 遇到客户打招呼时,要稍弯腰、适度点头,以示问候。

第3条　坐姿。
1. 坐下时身体要挺直,要挺胸挺腰,不能含胸弓背,也不要背靠着椅子或靠墙壁,同样,头要端正,不要东张西望或者耷拉着脑袋。

续表

2. 与客户谈话时,身体要在前倾的基础上再稍微前倾,表示正在认真、仔细地倾听。
3. 如遇客户打招呼时,要主动站立。
4. 坐久需要挪动时动作要小,或者可以站立走到不影响他人工作的地方稍站立再坐回,当然,不能来回走动,以免影响他人工作。
5. 女士坐下时双腿要并拢,小腿可做稍稍斜度摆放,双手自然大方地摆放在腹部。
6. 离座时起身动作应轻缓,保持上身是直立状态,将右脚向后收半步而后站起,待站定后再从座位的左侧离去。

第 4 条　交谈礼仪。
1. 言谈文雅,音量根据周围环境适当调节。
2. 吐字清晰,使用普通话,语气平和稳定。
3. 使用文明用语。
4. 不带口头禅。
5. 与客户交谈时,眼睛要正视对方,不可频繁眨眼。
6. 需要肢体语言时,避免动作过大且夸张。
7. 与客户保持一定的交谈空间距离。

第 5 条　服务礼仪。
1. 依照公司规定着统一工装上岗,保持服装的整齐与清洁。
2. 使用文明服务用语,杜绝服务禁语。
3. 办理业务时,做到语气谦和、语音清晰、语速适中、音量适度。
4. 回答客户的提问时,需做好精准详实,有问必答,不得流露出不耐烦的情绪。

第 6 条　道别礼仪。
1. 与客户道别时,伸右手做出"再见"手势。
2. 转身表示谢意并表示留步。
3. 出门时为客户轻轻带上门。

第 7 条　附则。
本规范的解释权归公司人事行政部,自____年____月____日起施行。

编制日期		审核日期		批准日期	
修改标记		修改处数		修改日期	

第8章

配送人员行为准则

8.1 配送人员的行为描述

8.1.1 配送人员行为对业务的影响

配送人员的行为主要包括了配送人员在公司日常工作的行为和配送人员在配送过程中的行为。

配送人员行为的好坏不仅会影响配送人员自身的业务,而且也会影响公司的业务(图8-1)。因为配送人员是配送企业与客户联系的重要桥梁,他们的行为是客户衡量公司服务最基本也是最直观的内容之一,因此,配送人员行为对公司业务具有十分重要的影响。

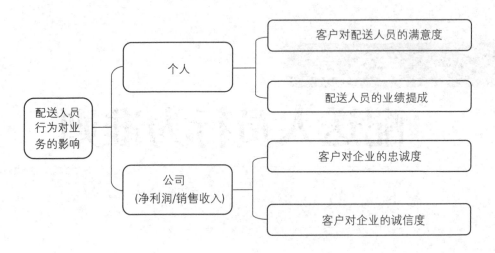

图 8-1 配送人员行为对业务的影响

8.1.2 配送人员的行为规范

配送人员的行为因其行业的特殊性有着自身特殊的要求,随着社会对配送业务需求的不断增加,配送服务不断朝着全方面的方向发展,配送人员的行为也将不断被赋予新的内涵,并在实践中得到发展和完善。

配送人员的行为规范主要包括图8-2所示的几个方面。

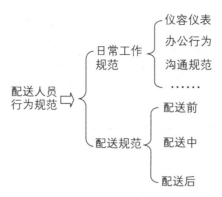

图 8-2 配送人员行为规范

8.2 配送人员的行为准则

8.2.1 配送人员的行为准则一

下面是配送人员的行为准则一。

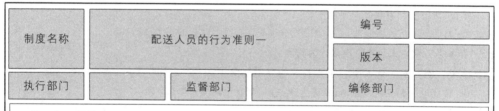

第1条 目的。
为了规范配送人员的日常行为,树立良好的公司形象,形成良好的公司文化,特制定本规范。
第2条 适用范围。
本规范适用于公司所有的配送人员。
第3条 配送人员仪容仪表管理。
1. 头发。员工头发要保持清洁,不得烫、染怪异发型。男配送人员头发不得覆盖双耳及衣领。女配送人员头发不得蓬乱。
2. 指甲。指甲不能太长,应经常修剪,保持整齐。
3. 胡须。男配送人员应每天剃须,鬓角不得超越耳垂,并修剪整齐。
4. 化妆。女配送人员上班期间须化淡妆,不能浓妆艳抹,不宜用香味浓烈的香水。
5. 饰物。配送人员佩戴饰物要大方得体,不得过于夸张。
6. 鞋子。配送人员应保持鞋子清洁,如有破损应及时修补,不得穿拖鞋、带钉子的鞋子上班。

续表

7. 着装。上班时需按照规定穿好公司统一服装,保持服装整齐与清洁,禁穿破损服装。

8. 配送人员在上班期间不得卷露衣袖、裤腿、袒胸露怀、戴墨镜等。

9. 工牌:按照公司规定佩戴公司统一的工牌,工牌要求干净整洁无破损;佩戴在左胸正上方。

第 4 条　配送人员在公司公共区域行为管理。

配送人员在公司公共区域中应养成良好的行为习惯,具体行为说明如下。

1. 配送人员在公司公共区域内不得大声喧哗。
2. 禁止在公司区域内吸烟。
3. 不得将餐巾纸等杂物乱扔。
4. 不得擅自带非本公司员工进入公司。
5. 随手关灯,节约用水。

第 5 条　配送人员办公行为管理。

在工作过程中,配送人员应养成良好的行为习惯,具体行为说明如下。

1. 未经许可不得随意使用其他员工的办公工具。
2. 未经部门负责人授意不得索取、打印、复印其他部门的资料。
3. 在办公区域谈话时不要影响他人,更不得唱歌或吹口哨。
4. 办公区域内姿态应端正、稳重,不得有奔跑、躺卧等有碍观瞻的姿态。
5. 上班期间不得吃零食、化妆、闲聊。
6. 上班时间不得看与工作无关的报纸杂志。
7. 员工之间应礼貌交谈,不得相互争吵、谩骂或有不礼貌的行为、语言。

第 6 条　配送人员接打电话行为管理。

配送人员在接打电话时,应养成良好的行为习惯,具体行为说明如下。

1. 接打电话时应使用普通话,语言要文明,禁止使用服务禁语。
2. 打电话应简明扼要,不得在电话中聊天。
3. 接到态度欠佳的客户电话时,要保持良好的态度,婉转地与客户沟通。
4. 接打电话时,要保持清晰的声音、亲切的语态、合适的语速。
5. 电话铃声响起最好在铃响 3 声以内接听,不要让铃响超过 5 声。如果电话铃响了 5 声才接听,应先向对方道歉。
6. 接打电话时,配送人员要将关键内容认真记录下来,具体记录的内容主要包括:何时、何人、何地、何事等方面。

第 7 条　配送人员参加会议(培训、活动等)行为管理。

配送人员在参加会议(培训、活动等)时,应养成以下行为习惯,具体说明如下。

1. 按通知时间准时到达指定地点。
2. 会议期间不得随意走动,接打电话(手机调整为静音或振动形式,必要时必须关机)。
3. 他人讲话/发言时,不抢话、不插话、不争辩。

续表

4. 非参会人员不得在会议进行中随意进入会议室。					
5. 会议结束,离开会议室时必须将座椅归位放好。					
编制日期		审核日期		批准日期	
修改标记		修改处数		修改日期	

8.2.2 配送人员的行为准则二

下面是配送人员的行为准则二。

制度名称	配送人员的行为准则二		编号	
			版本	
执行部门		监督部门	编修部门	

第1条 目的。

为了规范配送人员的行为,树立良好的公司形象,形成良好的公司文化,特制定本规范。

第2条 适用范围。

本规范适用于公司所有的配送人员。

第3条 配送人员配送前的行为管理。

1. 禁止染发、留须,工作时需着工作装、衣着必须整洁干净,不能穿拖鞋。
2. 配送员在接到客户下的订单后,应主动给客户打电话,明确客户需要配送的品种、数量、规格、取件时间、取件方式、取件地点以及有无其他特殊要求等信息。
3. 配送人员应准备好相关的用品用具,包括快件搬运工具、快件辅助工具和移动扫描工具三类,并做好相关检查工作,避免出现纰漏。

第4条 配送人员配送途中的行为管理。

1. 配送人员在执行配送任务时不得故意拖延,不得因个人因素导致配送任务延期完成,不得在执行配送任务时做与工作无关的事情。
2. 配送人员整个上班过程中(包括工作前和中午吃饭期间)不得饮酒。
3. 配送人员在配送过程中不得偷换、盗窃所运物品,以免损害公司声誉。
4. 配送人员应公私分明,不得将配送货物私自携出或占为己有。
5. 配送人员驾驶车辆需遵守交通规则。
6. 在配送途中若车辆出现故障或发生交通肇事等问题导致不能按时到达目的地时,配送人员应立即打电话向配送调度人员汇报,并根据反馈意见执行下步工作。

第5条 配送人员到达配送地址的行为管理。

1. 配送人员到达客户处,车辆要停靠在指定位置或按照客户要求停靠,不得随意乱停,配送人员不得开"赌气"车。

2. 配送人员进入客户小区/办公区域时,应主动出示工牌号,礼貌地向安保人员说明来意。然后再按照客户单位/小区的要求积极配合办理相关的进出入登记手续。

3. 配送人员前往客户办公室(房间)时,无论门是开还是关,均应按门铃或敲门向客户请示。若有门铃,用食指按门铃。按铃时间不超过3秒,等待5~10秒后按第2次;若需要敲门时,应用食指或中指连续敲门3下,等候5~10秒如门未开,可再敲第2次。敲门时,用力要适中,在等候开门时,应站在距门1米处,待客户同意后方可进入。

4. 配送人员见到客户时,应热情主动地跟客户进行自我介绍。

5. 配送人员进入客户门之前要穿上鞋套,保持客户地板的整洁,雨天不得穿雨衣进入客户家中。

第6条　配送人员业务处理服务规范。

1. 配送员在收取快件时,应询问:"您好,这是您要寄的快件吗?",并双手接过客户的快件。

2. 配送人员在检查货件前,应礼貌地询问客户是否可以检查,并说明检查的目的。如果检查出客户所寄的物品为违禁品,应礼貌地告知客户,哪些属于违禁品,违禁品公司不予受理。

3. 配送人员快件检查无误后,如果客户已提供包装,要仔细检查其牢固程度,若是易碎品,则要做好易碎品的相应防护措施及标识;如果客户未进行包装,则应指导或协助客户使用规范的包装物料和填充物品进行包装;包装好后,还要仔细检查包装,保证物品的安全。

4. 配送人员在客户的货品称重计费时,应按照公司资费标准计算运费和保费,并主动提示客户:"×先生/小姐,您好,请您看一下,该物件的计费重量是×千克,运费是×元。"

5. 当客户在填写运单不明白相关内容时,配送员应主动进行讲解,当客户填写不详细时,配送员应耐心解释。在客户填好运单后,配送员应对填写内容进行检查。

6. 配送人员在收取费用时,应先如实地告知客户此次快件的运费,不得欺骗客户。

第7条　配送人员其他相关行为管理。

1. 配送人员在任何时间和地点,无论客户有无任何过激行为都不能与客户吵架,不能讲脏话,不能与客户发生肢体冲突。

2. 配送人员在与客户/同事交流时,不得使用以下语言。

(1)不耐烦的语言。配送人员在与客户/同事交流时,要表现出热情和耐心。

(2)不友好的语言。

(3)不尊重的语言。

3. 配送人员接到电话时,要先以亲切的口吻自报家门,如:"您好!××公司配送员×××为您服务。"如信号不佳,难以听清对方的话时,应温和地告知对方:"对不起,电话声音太小,麻烦您重复一遍。"电话用语应文明、礼貌,态度应热情、谦和、诚恳,语调应平和,音量要适中。

编制日期		审核日期		批准日期	
修改标记		修改处数		修改日期	

第 9 章

配送人员风险识别与管控

9.1 配送人员个人风险管控

9.1.1 个人风险识别

招聘是人力资源管理的第一环节,也是人力资源管理的难点所在,其中隐藏着诸多的风险。配送企业在招聘过程中,至少需对应聘者如图9-1所示的3方面的情况有清晰了解。

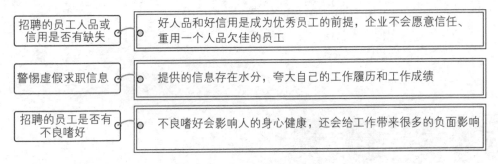

图 9-1 员工个人风险识别

9.1.2 个人风险管控

深入分析招聘环节中潜在的风险并提出相应的防范措施有助于降低用人成本、提高配送企业的运营效率。

9.1.2.1 明确并依照录用条件进行招聘

录用条件是企业根据本公司岗位生产经营特点,对招录的员工提出的要求。录用条件是试用期间用以考核员工的重要依据。

(1) 录用条件设定要求

企业设定的录用条件一定要合法、明确、具体、需公示。

首先,切忌出现违反法律强制性规定的录用条件,如对女性设定婚育方面的条件。

其次,切忌一刀切以及将录用条件空泛化、抽象化,比如说符合岗位要求,就不能仅仅说符合岗位要求,而应该把岗位要求是什么表述清楚。

再次,"录用条件"应该是共性和个性的结合。所谓"共性"即大部分企业和岗位的员工都应该具备的基本条件。比如诚实守信，在应聘的时候如实告知自己的与工作相关的信息。所谓"个性"即每个企业、每个岗位或者职位都有自己的特殊要求。有的有学历的要求，有的要求获得相应证书等。

最后，录用条件需公示。即要让员工知道企业的录用条件。

录用条件的告知方法一般有：①在招聘广告中明确告知录用条件；②招聘员工时通过"录用通知书"等书面形式告知录用条件；③在劳动合同中明确约定录用条件或不符合录用条件的情形；④在岗位说明书中对录用条件进行详细约定，并将岗位说明书作为劳动合同的附件。

（2）招聘实施说明

严格依照公司的招聘岗位录用条件进行招聘。这就要求配送企业在招聘配送人员时，需对招聘条件进行清晰的界定。

9.1.2.2 清晰地对员工的品行进行判定，并进一步了解其是否存在不良嗜好

员工须人品端正且无不良嗜好，并保持良好的状态，以便能有效地履行其工作职责。对此，在招聘配送人员时，企业有必要通过多种渠道了解应聘者的基本情况，如向同行人员了解、与应聘者上一工作单位的人员了解情况（"员工背景调查问卷样表"见表 9-1）等。

表 9-1　员工背景调查问卷样表

被调查人		应聘岗位		调查时间	
工作经历调查					
指导语： ××企业： 　　您好！ 　　我们是××公司,我们想核实一下贵企业前任员工××的情况,因为他目前正在应聘我们公司的会计这一职位,希望您能配合我们的工作。					
企业		联系人		联系方式	
1. 他在贵企业的工作时间是从什么时间至什么时间？					

续表

被调查人		应聘岗位		调查时间	
2. 他在贵企业担任何种职务？主要工作职责有哪些？					
3. 他的工作表现如何？					
4. 同事及领导对他的评价如何？					
5. 他离职的原因是什么？					
6. 他在工作中有无突出的表现或事迹？					
7. 他的工作态度如何，考勤情况怎样？					
8. 您觉得他最突出的优点是什么？					
9. 贵企业是否愿意再继续雇佣他？					
10. 如果您从整体上给他打分，1～10分,10分是最高分,您会给他打几分？					

此外，若招聘进来有不良嗜好的员工，应采取约谈、交流等适当措施来帮助员工构建健康的生活方式。

9.1.2.3 警惕员工求职信息中的水分

（1）员工应聘资料的审核

对员工应聘资料审核，可以从表 9-2 所示的几方面进行。

表 9-2　求职资料筛选工作说明

工作事项	工作执行标准
做好审核前的准备工作	➢ 在审核求职表前，仔细阅读该招聘岗位的职位说明书，以明确该岗位的具体要求，避免筛选偏差 ➢ 注意与招聘岗位部门领导进行沟通，深入了解该部门对本招聘岗位的特殊需求，提高面试的效果
划出某些硬性指标	➢ 招聘人员注意设定是否持有职业资格证书等硬性指标，并将这些硬性指标与本企业的招聘标准相比较 ➢ 招聘人员直接筛选掉不符合硬性指标的简历
查看信息中的主观内容	主要是查看应聘者的自我评价、个人描述等信息，若这些描述与工作经历描述中相矛盾、不相称的地方较多，则可直接筛选掉
找出工作经历的关键词	➢ 在应聘者的工作经历中，找出应聘者从事过的岗位和关键的业绩，并判断其业绩的真实性 ➢ 对应聘者工作经历描述中的关键词和关键的数据进行标明，以备面试时加以提问和确认

（2）面试考核

除了需对员工应聘资料进行审核外，还需通过面试来进一步了解应聘者。如果应聘者的回答比较模糊不够具体，需问清各种细节，此时，依照"STAR 原则"来面试即可，STAR 原则见图 9-2。

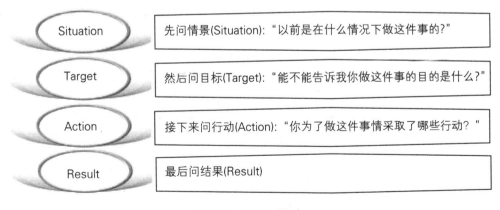

图 9-2　STAR 原则

9.1.2.4 入职手续须严格把关

根据招聘的岗位实际明确新员工入职应提供哪些资料。不同的岗位对新员工入职手续有不同的要求,有些岗位需要提供上岗证明,如会计需要会计证、司机需要有驾照等。

9.1.2.5 加强日常管理

① 当发现有员工不认真履行岗位职责,会给公司带来损失和风险时,发现者及时向直接负责人报告。
② 直接负责人会同公司其他领导议定解决办法,尽可能控制事态和缩小影响。
③ 对已经不适合继续在公司工作的配送人员,委婉劝退。

9.2 配送人员配送风险管控

9.2.1 配送过程风险识别

快件派送不仅是直接保证快件快速、准确、安全地送达客户的最后一环,也是配送公司收集快递服务反馈信息,同客户建立与维护良好关系的另一个重要机会和渠道。在快件配送过程中,配送公司需对每一个过程、每一个环节进行监控,识别其中潜在的风险,如图9-3所示。

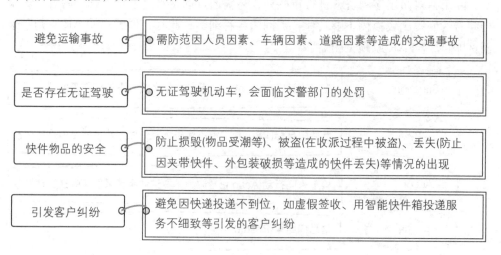

图9-3 配送过程中的风险

9.2.2 配送过程风险管控

9.2.2.1 避免运输事故

在这一环节,配送公司至少需做好如下4方面的工作,具体内容如下。

① 车辆检查必不可少。司机在出发前一定要认真检查车辆安全状况、检查有无超载情况。此外,应急处理准备充分,要检查随车配备的消防器材的数量及有效性。

② 培训不可忽视。企业对配送人员进行交通规则培训,提高配送人员安全意识。

③ 避免长时间驾驶,要适当增加休息时间,缓解驾驶员的疲劳感,也让车辆得到"喘息的机会"。

④ 一定要给员工上意外伤害险,防患于未然。

9.2.2.2 杜绝业务员无证驾驶的情况

配送公司要严格执行持证上岗规定,并加强交通安全培训,确保配送人员规范行驶。

9.2.2.3 确保快件物品的安全

在快件派送过程中,配送人员应确保快件物品的安全,对此,其需做好一些工作事宜。工作提醒见表9-3。

表9-3 工作提醒

工作情形	注意事项
利用非机动车收派	收派员在进行快件收派过程中,快件不交由他人捎转带,不乱扔乱放,不让他人翻阅
	进入单位或居民区内,车辆及快件应尽量放在视线可及或有人看管的相对安全的地方,做到快件不离身
	收发快件时,不出入与工作无关的场所
	雨雪天气准备好防水防冻物品
	派送时,将快件捆扎牢固
利用机动车收派	派送车后厢玻璃窗应有防护措施,摩托车装快件的容器应加装锁具
	机动车递送快件时要将车辆放在适当的位置(视线可及的范围)

9.2.2.4 避免客户纠纷

严格依照公司服务规定,对快件物品进行规范的投递。

快递包裹到了,收件人不在,无法及时收取。遇到这种情况,一般的处理方法是:选择与收件人协商更换配送时间,或者请周围的人或代收点代收,也可放入快递自提柜,方便收件人自提。

(1) 请他人代收的服务说明

收件人本人无法签收时,经收件人(寄件人)委托,可由其委托的代收人签收。代收时,收派员应当核实代收人身份,并告知代收人代收责任。

(2) 使用智能快件箱投递快件的服务说明

如使用智能快件箱投递快件,投递前需确保所投递物品的尺寸符合智能快件箱规格的要求,另外应事先征得收件人同意并告知例外情况的处理方法。此外,配送人员还应当告知收件人以下事项。

① 快件运单码号、取件方法及所需信息。

② 投递使用的智能快件箱的布放地点。

③ 收件人自智能快件箱中取出快件则视为签收。

9.3 配送人员内部风险管控

9.3.1 内部风险识别

配送工作包括备货、分拣与配货、配送运输等环节。就配送人员操作而言,企业需做好几项工作的管控工作,配送过程中的风险见图9-4。

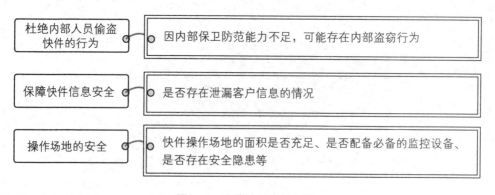

图9-4 配送过程中的风险

9.3.2 内部风险管控

9.3.2.1 杜绝内盗

为了杜绝上述风险,配送公司至少需做好如下3个方面的工作。

① 加强人员教育管理,落实内部管理制度,避免丢失快件的事情发生在企业内部;如果发生了监守自盗一类的问题,须进行严肃处理。

② 负责人需定期或不定期查看监控视频,查看是否出现内盗及违规操作行为。同时,应建立严厉的内盗惩罚机制,并张贴于场地明显处,起到震慑作用。

③ 招人时要尽可能了解员工品行,防止内盗。

9.3.2.2 保障快件信息安全的要求

① 在快件处理的任何一个环节,除指定的工作人员外,不准任何人翻阅快件信息。

② 员工不得私自抄录或向他人泄露收、寄件人的相关信息。

③ 在快件处理场所,非工作人员不得擅自进入。

④ 严禁将快件私自带到与工作无关的场所。

9.3.2.3 确保快件操作场地安全

① 场内快件、物料码放时远离热源。

② 出口、通道处不得摆放任何物品。

③ 场地内严禁乱拉电线。

④ 经常性地检查电器设备。

⑤ 禁止使用明火。

9.4 配送人员离职风险管控

9.4.1 离职风险识别

员工离职可以分为主动离职和被动离职两种类型。主动离职指离职的决策主要是由员工做出;被动离职是指离职的决策主要是由企业做出,如解雇、开除等形式。从某种程度上说,员工离职对于企业优化人才结构、增强企业活力无疑是有利的。但对于某些骨干员工、关键业务人员的离职，若不进行有效的管理，将会对企业的经营造成一定的负面影响。除此之外，在对员工进行离职管理时，企业还需对员工离职工作中的潜在风险进行有效的识别，并在此基础上提出有效的应对措施，以有效降低员工离职给企业带来的负面影响和损失。配送人员离职风险识别如图9-5所示。

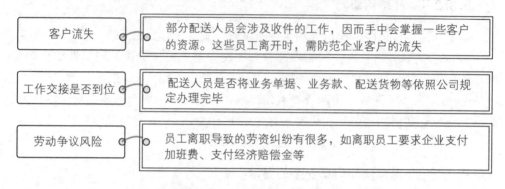

图 9-5　配送人员离职风险识别

9.4.2　离职风险管控

下面针对员工离职给企业可能带来的风险，提供员工离职风险防范的建议。

9.4.2.1　健全企业的客户信息管理系统

通过构建客户信息系统，可以实现如下效果。
① 建立客户信息数据库，实施客户关系管理，使客户成为公司的稳定客户。
② 依靠企业的知名度和美誉度来吸引客户，让客户信任企业的品牌和服务。

9.4.2.2　保管好员工工作方面的有关文件

各类考核数据、各类规章制度的学习记录等资料需保存好。另外，企业的人力资源人员需清晰知道经济补偿金的给付标准（包括给付经济补偿金的情形及经济补偿金计算标准两方面的内容，见表9-4），以规避由此引发的劳动争议。

9.4.2.3　规范离职管理

企业通过规范离职管理降低劳资风险。其中离职面谈就是其中的一环。

离职面谈不单单是为了了解员工离职原因，消除他们的不满情绪。同时通过离职面谈还可以发现企业存在的各种管理问题，以及企业在留人方面哪些做得不够的地方，包括工作环境、管理方式、企业文化等。这些信息可能对改善企业的管理工作有帮助。

表 9-4　经济补偿金支付的情形及计算标准说明

情形			补偿金额
大类	中类	小类	
企业单方面解除劳动合同(未提前30天通知需支付代通知金,即1月工资)	无过错性解雇	医疗期满不能恢复工作	月平均工资×工作年限(按照员工在本单位的工作年限为标准,每满一年向劳动者支付一个月工资。六个月以上不满一年的,按一年计算。工作不满六个月的,向劳动者支付半个月的工资)
		经岗位调整后不能胜任工作	
		订立劳动合同时所依据的客观情况发生重大变化,致使劳动合同无法履行	
	经济性裁员	依法破产重组	
		经营严重困难	
		技术革新转产	
	违法解除合同	单方面违法解约	月平均工资×工作年限×2(工作年限的计算同上文)
员工单方面解除劳动合同	因企业违法行为	违背了合同规定	月平均工资×工作年限(工作年限的计算同上文)
		未及时足额支付报酬	
		未依法购买保险	
		其他符合支付经济补偿金的情形	

9.4.2.4　动态管控员工离职风险

造成员工离职的原因是多方面的,企业可借助信息化平台的快速查询检索功能,降低人工管理的工作强度。举例来说,通过建立风险监控图可以看到哪些因素的风险频次最高、哪些最低,那么就可按照重要性程度安排管控的力度。再如风险增长率图可以显示不同人员的离职风险增长速度,例如配送人员小何近期离职风险增长很快,说明他主动离职风险很高,企业如果希望留用他,就要趁早主动采取措施加以挽留。

无论是从企业现实考虑,还是发展战略出发,都应该重视员工离职管理,并建立完善的离职风险防范机制将离职风险控制在最低限度。